Um homem **segundo o coração** de Deus

Um homem **segundo o coração** de Deus

Dedique sua vida ao que realmente tem valor

Jim George

hagnos

Título original: *A Man After God's Own Heart.* Publicado por Harvest House Publishers (Eugene, Oregon, EUA).

2ª edição: dezembro de 2003
8ª reimpressão: setembro de 2024

Tradução: Maria Emília de Oliveira
Revisão: Noemí Lucília L. S. Ferreira, Josemar de Souza Pinto e Liege Marucci
Diagramação: B. J. Carvalho
Capa: Douglas Lucas
Editor: Aldo Menezes
Coordenador de produção: Mauro Terrengui
Impressão e acabamento: Imprensa da Fé

Editora Hagnos Ltda.
Rua Geraldo Flausino Gomes, 42, conj. 41
CEP 04575-060 — São Paulo, SP
Tel.: (11) 5990-3308

E-mail: hagnos@hagnos.com.br | Home page: www.hagnos.com.br

Editora associada à Associação Brasileira de Direitos Reprográficos (ABDR)

Dados Internacionais de Catalogação na Publicação (CIP)
(Câmara Brasileira do Livro, SP, Brasil)

George, Jim, 1943-
Um homem segundo o coração de Deus: Dedique sua vida ao que realmente tem valor / por Jim George; [tradução: Maria Emília de Oliveira]. 2ª ed. — São Paulo: Hagnos, 2003.

Título original: A Man After God's Own Heart
ISBN 85-89320-33-2
Bibliografia

1. Homens cristãos - Vida religiosa 2. Vida cristã I. Título

03-6640 CDD-248:84

Índices para catálogo sistemático:

1. Homens: Guia de vida cristã 248:842

A meus dois Pauls –
Paul Seitz e Paul Zaengle –
os melhores genros que um homem poderia ter.
Que vocês continuem a ser maridos,
pais e líderes espirituais piedosos,
e homens segundo o coração de Deus.

Agradecimentos

Meus sinceros agradecimentos a Steve Miller,
amigo, incentivador e
um verdadeiro homem segundo o coração de Deus.

Sumário

UMA PALAVRA DE BOAS-VINDAS

Toda realização de grande vulto na vida de um homem exige elevado grau de comprometimento. Com certeza, você se lembra de algo notável que já fez na vida. Pode ter sido o início de um negócio próprio. Talvez a oportunidade de mudança de emprego ou a decisão de dar um novo rumo à sua empresa ou à sua família. Independentemente das circunstâncias, você deve ter hesitado diante da possibilidade de transformações que aconteceriam em algumas áreas de sua vida. Num dia, você acordava ansioso por começar esse processo... no dia seguinte, já não tinha tanta certeza de que aquilo era o que você queria. Mas assim que tomou a decisão de seguir em frente, as longas horas de esforço mostraram que tudo valeu a pena, já que você podia sentir a alegria de ver o fruto de seu trabalho.

O rei Davi, homem que destacamos neste livro, compreendeu o princípio do comprometimento quando desejou comprar uma extensão de terra e construir um altar para o culto a Deus. Por ser rei e proprietário daquelas terras, Davi quis oferecê-las a Deus, mas descobriu que, quanto maior a entrega, maior a bênção. Então, declarou: "não oferecerei ao Senhor, meu Deus, holocaustos que não me custem nada" (2Samuel 24:24).

É grande a emoção de ter a oportunidade de expor a homens, neste texto, princípios elaborados e aplicados durante os meus mais de 25 anos de ministério. Ao longo de décadas, tive o privilégio de ensinar, treinar, equipar, educar e aconselhar muitos homens empregando esses princípios da Palavra de Deus. Tais verdades têm produzido bênçãos maravilhosas na vida espiritual, no casamento e na família, na igreja e no trabalho de cada um deles. No momento em que as barreiras causadas pela hesitação desaparecem e é tomada a decisão de seguir em frente com plena dedicação, vemos que, definitivamente, o esforço valeu a pena.

Eu o convido a embarcar comigo nesta viagem com destino a um maior desenvolvimento e maturidade em sua vida cristã. Junte-se a mim e comece a dar gigantescos passos na busca de se tornar um homem segundo o coração de Deus. Prepare-se para conhecer:

- As prioridades de um homem segundo o coração de Deus.
- As práticas de um homem segundo o coração de Deus.
- O rei Davi, o autêntico homem segundo um coração de Deus.

Você começará a colher bênçãos valiosas em cada área de sua vida a partir do momento em que assumir o compromisso de seguir a Deus e de fazer tudo o que Ele deseja que você faça (Atos 13:22).

Que Deus lhe conceda coragem e força para empreender a viagem de sua vida – aquela que o transformará em um homem segundo o coração de Deus.

Seu companheiro de viagem,

Jim George

Parte 1

A busca de Deus

Nas Escrituras Sagradas, Deus demonstra estar frequentemente à procura de determinado tipo de homem. Não de homens, mas de um homem. Não de um grupo, mas de um indivíduo.

Quando Deus encontra um homem que se encaixe em seu padrão espiritual e que esteja disposto a pagar o preço total do discipulado, Ele o usa até o limite, a despeito de suas visíveis deficiências:[1]

– J. Oswald Sanders

1

Qual é o desejo do seu coração?

Achei Davi, filho de Jessé, homem segundo o meu coração, que fará toda a minha vontade.
– Atos 13:22

Quando eu era menino, meus pais me levaram na única viagem de férias realizada por nossa família. Saímos da casa onde morávamos em Miami, Oklahoma, e passamos por Dodge City, Kansas, a caminho do Colorado. E, é claro, fizemos uma parada naquela cidade histórica para visitar seu famoso Boot Hill Cemetery (Cemitério da Colina das Botas).

Lembro-me até hoje de ter visto, na lápide de um túmulo, uma inscrição muito apropriada para aquele lugar:

Aqui jaz o Velho Joe.
Ele morreu com suas botas nos pés.

Na outra extremidade do túmulo, havia duas botas que se projetavam da terra! Posteriormente, descobri que o "Velho Joe" não estava enterrado ali. Muito tempo depois, fiquei sabendo que a inscrição na lápide de um túmulo chama-se *epitáfio,* que consiste basicamente de algumas linhas, em prosa ou em verso, escritas em homenagem à pessoa cujo corpo foi sepultado naquele túmulo.

Desde aquela memorável visita ao Boot Hill, venho colecionando outros epitáfios. Por exemplo, no túmulo dos heróis espartanos, em Termópilas, no século quinto a.C., está o que foi escrito por certo poeta:

Vá, diga aos espartanos, gentil peregrino,
Que, em obediência às suas leis, aqui nós jazemos.

Este outro epitáfio foi escrito em memória do poeta inglês Shakespeare:

Ele não pertenceu a uma época, mas a todas as épocas.

Por ter um pequeno conhecimento de ciências, gosto desta frase escrita a respeito de um cientista que morreu aos 85 anos de idade:

Ele Morreu Aprendendo

A maioria dos epitáfios é escrita por alguém que conheceu a pessoa falecida. Contudo, Benjamin Franklin, o famoso estadista norte-americano, escreveu o seu próprio epitáfio:

O corpo de B. Franklin,
Tipógrafo
Como a capa de um livro velho
Com as folhas rasgadas
E despojado de letras e adornos
Jaz aqui, servindo de comida aos vermes.
Mas a obra não terá sido em vão,
Porque, conforme ele acreditava, aparecerá outra vez

Em uma nova e mais perfeita edição
Corrigida e aperfeiçoada
Pelo Autor:[2]

Alguns epitáfios são escritos com uma dose de humor, como este:

Vestido com tanta elegância e sem ter para onde ir.

E ainda:

Lembre-se, amigo, quando por aqui passar:
Como você é agora, um dia também fui eu.
Como eu sou agora, em breve você há de ficar.
Prepare-se para vir comigo e saber que morreu.

A esse epitáfio alguém, posteriormente, acrescentou:

Ir com você não me causa nenhuma satisfação
Enquanto eu não souber se esse lugar é bom ou não.

Mas, para mim, o epitáfio mais inspirador (e que me deixa mais perplexo) é encontrado na Bíblia. Trata-se de um tributo ao rei Davi, um dos homens mais famosos do Antigo Testamento. Deus escreve o seguinte a seu respeito:

> Achei Davi, filho de Jessé, homem segundo o meu coração, que fará toda a minha vontade (Atos 13:22).

O que podemos aprender com Davi?

A vida de Davi nos oferece material para um fascinante estudo sobre o caráter humano. Davi é personagem de uma daquelas histórias que apresentam um "maltrapilho que ficou rico". Ele começou como pastor de ovelhas e terminou como rei. Tornou-se um grande guerreiro e consolidou a pequenina nação de Israel como um reino poderoso que, no século 10 a.C., dominou grande parte do Oriente Médio.

Mas, acima de todas as suas realizações e conquistas, o mais notável testemunho a respeito de Davi é o epitáfio que Deus compôs a seu respeito: "Achei Davi [...] homem segundo o meu coração".

Como já mencionei, essa afirmação me deixa perplexo! Com ela, Deus declara a sua aprovação ao coração e à vida de Davi. Isso, no entanto, pode nos levar a questionamentos, uma vez que as ações de Davi nem sempre demonstraram a sua piedade. Caso você não conheça a vida de Davi, aqui está um rápido resumo de sua história repleta de altos e baixos:

- Davi foi um guerreiro que derramou sangue em abundância (1Crônicas 22:8).
- Davi cometeu adultério com uma mulher chamada Bate-Seba (2Samuel 11:4).
- Posteriormente, Davi descobriu que Bate-Seba estava grávida, esperando um filho dele. Para resolver esse problema, Davi ordenou que o marido de Bate-Seba se posicionasse na frente de uma batalha, onde ele foi morto (2Samuel 11:5-17).
- Davi teve várias esposas (2Samuel 3:1-5).
- Davi foi um pai negligente, e sua família sofreu com brigas e tragédias (2Samuel 13:15-18, 28-29; 18:33).
- Contrariando a ordem do Senhor, Davi recenseou orgulhosamente suas tropas provocando a morte de 70 mil homens do povo, causada por uma peste (2Samuel 24:10, 15).

Mesmo tendo Davi cometido tantos deslizes, Deus declara a seu respeito: "Achei Davi [...] homem segundo o meu coração".

Como pode ser isso? Como poderia Deus elogiar um homem com vida pregressa tão cheia de erros?

Sim, Davi era um homem de pés de barro que, às vezes, cometia pecados que a maioria de nós nem imagina e, muito menos, cometeria. No entanto, ao longo de sua vida, Davi procurou ser um homem reto, e o desejo de seu coração era fazer a vontade de Deus. Esse é o tipo de homem que Deus procura, conforme mencionado em Jeremias 5:1-9. De acordo com o que podemos ver em relação a Davi, Deus não espera perfeição. Apesar de tudo o que Davi fez de errado na vida, Deus examinou-lhe o coração e disse que ele era um homem segundo o seu coração – alguém que sempre buscou cumprir a vontade divina.

A graça fortalecedora de Deus

Assim, meu amigo, é a graça de Deus. Não pode haver outra explicação! Por suas ações, Davi não merecia ter sido abençoado por Deus. Mas, no fundo de seu coração, ele tinha um desejo justo – o anseio de seguir e de agradar a Deus.

Isso me leva a fazer uma pergunta muito importante que tem muito a ver com o significado, o propósito e as realizações de sua vida: *você* quer ser um homem segundo o coração de Deus? Ou, em outras palavras: você sente em *seu* coração o desejo de obedecer a Deus?

Talvez você pense que isso não é possível porque tem a tendência de dar três passos para a frente e dois para trás, em sua caminhada espiritual com Deus. Talvez você imagine que tornar-se um homem segundo o coração de Deus é um objetivo muito alto para ser alcançado. Talvez conclua que isso é impossível por ter consciência de erros praticados no passado.

Mas você e eu nunca poderemos esquecer de uma coisa: Deus olhou para o *coração* de Davi. E, em nossas vidas, é também para o nosso coração que Deus vai olhar. Portanto, no que se refere a vir a ser um homem segundo o coração de Deus, podemos confiar na sua graça, que nos capacita e nos fortalece todo o tempo.

A graça de Deus para John Newton

Podemos ser encorajado pela história de outro homem, cuja vida foi tocada pelo alento da graça de Deus. Esse homem foi John Newton (1725-1807). Meu amigo, por mais cheia de problemas que seja a sua vida, ela não pode ser pior do que a de John Newton, um mercador de escravos corrupto e violento. Ele próprio descreveu a si mesmo como um "miserável", um homem perdido e cego espiritualmente. Mas, um dia, Deus, em sua graça, usou uma terrível tempestade para pôr temor no coração desse perverso mercador de escravos. De acordo com o testemunho do próprio Newton, tal tempestade – aliada à leitura do livro *A imitação de Cristo*, escrito por Thomas à Kempis – levou-o a uma conversão sincera e produziu dramática mudança em seu coração e em sua vida.

John Newton nunca cessou de se maravilhar diante da graça de Deus que o transformara de forma tão completa. Para expressar essa graça maravilhosa, Newton compôs o famoso hino "Preciosa Graça":

> Preciosa a graça de Jesus,
> Que um dia me salvou.
> Perdido andei, sem ver a luz,
> Mas Cristo me encontrou.
>
> A graça, então, meu coração
> Do medo me libertou.
> Oh, quão preciosa salvação
> A graça me outorgou![3]

Conta-se que, aos 82 anos de idade, pouco antes de sua morte, John Newton proclamou em alta voz durante uma de suas mensagens: "Minha memória está se apagando, mas eu ainda me lembro de duas coisas: Que eu sou um grande pecador, e que Cristo é um grande Salvador!"

Esse é o brado de um homem segundo o coração de Deus! Veja: Deus olhou para o coração de John Newton da mesma forma que olhou para o de Davi. E, meu amigo, é para o seu coração que Ele também vai olhar.

A graça de Deus para você

Vamos meditar seriamente por alguns instantes. Quero fazer-lhe algumas perguntas difíceis de responder:

Pergunta 1 – Quando Deus olha para a sua vida, o que Ele procura? Certamente não é perfeição. Ser cristão não significa ser perfeito. A Bíblia diz que não existem homens perfeitos – não, nem um só (Romanos 3:10). Assim como Davi, e assim como John Newton, todos nós pecamos. Todos nós desobedecemos a Deus. E é essa desobediência que nos separa de Deus.

Essa é a má notícia. Mas vamos agora para a boa notícia! O único homem perfeito que andou na face da Terra foi Jesus Cristo, o Filho unigênito de Deus. Ele foi verdadeiramente um homem segundo o coração de Deus. Em toda e qualquer situação, em todo o tempo. Ele cumpriu exatamente a vontade do Pai. No batismo de Jesus, Deus, o Pai, testificou isso quando disse: "Este é o meu Filho amado, em quem me comprazo" (Mateus 3:17).

Porque Jesus era perfeito e não conheceu o pecado, Ele foi capaz de morrer pelos seus e pelos meus, pagando o preço do pecado, que é a morte. A Bíblia diz que "Deus prova o seu próprio amor para conosco pelo fato de ter Cristo morrido por nós" (Romanos 5:8). Cristo foi o perfeito sacrifício pelos nossos pecados. Por causa do que Ele fez, podemos ser purificados da nossa transgressão e nos aproximar do "trono da *graça*, a fim de recebermos misericórdia e acharmos *graça* para socorro em ocasião oportuna" (Hebreus 4:16, grifo meu).

Pergunta 2 – O que significa tornar-se cristão? Em poucas palavras, tornar-se cristão significa...

... olhar para Deus e para sua graça (Efésios 2:8-9);
... arrepender-se dos pecados ou desviar-se deles;
... aceitar o dom de Deus de vida eterna por meio da morte de seu Filho em nosso lugar;
... receber a misericórdia e o perdão de Deus; e...
... viver mediante sua graça.

Ser cristão não significa que eu e você não vamos mais pecar. Nós continuaremos a pecar, mas o pecado deixará de ser a marca predominante de nossa vida, porque, como cristãos, somos novas criaturas em Cristo (2Coríntios 5:17). Somos novos filhos de Deus. E, por causa de seu Santo Espírito que habita em nós, quando pecamos somos declarados culpados e sentimos o desejo de nos arrepender para que a alegria de nossa comunhão com Deus seja restituída (Salmos 51:12).

Pergunta 3 – Qual é o desejo de seu coração? Vimos o coração de Davi e seu desejo de seguir a Deus. Vimos como John Newton reconheceu a graça de Deus e como seu coração foi transformado. E quanto ao seu coração? Será que Deus pode olhar para ele e dizer: "Eu descobri que você é um homem segundo o meu coração e que deseja cumprir sempre a minha vontade"?

Pergunta 4 – Você já aceitou Jesus como o Salvador e Senhor de sua vida? Talvez você já tenha dado esse passo de fé e já tenha aceitado a Cristo como seu Salvador. Caso contrário, você precisa reconhecer que este é verdadeiramente o primeiro passo para se tornar um homem segundo o coração de Deus. Se você ainda não é cristão, pode dar esse importantíssimo passo em sua vida, orando desta maneira:

> Jesus, sei que sou um pecador e desejo demonstrar o meu arrependimento por meus pecados e te seguir. Creio que morreste por minhas transgressões e que ressuscitaste vitorioso sobre o poder do pecado e da morte. Quero aceitar-te como meu Salvador pessoal. Entra em minha vida, Senhor Jesus, e ajuda-me a te seguir e a te obedecer de hoje em diante. Amém.

Agora, meu amigo, se você é cristão, este epitáfio encontrado na lápide de um túmulo na Inglaterra poderá ser escrito a seu respeito:

Eu pequei;
Eu me arrependi;
Eu confiei;
Eu amei;
Eu descanso;
Eu ressuscitarei;
Eu vencerei:[4]

Assim como a água é a única coisa capaz de aliviar a sede no deserto, a provisão que nos é oferecida na Palavra de Deus é a única coisa capaz de satisfazer nossa sede espiritual. É a única coisa que nos dá ânimo em tempos de sofrimento e orientação para nossa vida agitada.

– Jim George

2

ANSEIO POR CRESCIMENTO ESPIRITUAL

Como suspira a corça pelas correntes das águas, assim, por ti, ó Deus, suspira a minha alma. A minha alma tem sede de Deus, do Deus vivo.
– Salmos 42:1-2

Há alguns anos, durante o verão, tive o privilégio de fazer parte de um grupo que dirigia conferências sobre liderança para pastores nas principais cidades da Austrália. Nunca me esquecerei de nossa primeira conferência em Brisbane, cidade localizada na região norte do território australiano. Brisbane é uma linda cidade, situada em uma área de clima semitropical muito agradável, com palmeiras ladeando as ruas e abacaxis crescendo nos campos à margem das estradas que conduzem à zona rural.

Enquanto estive em Brisbane, conheci a Grande Barreira de Recifes, muito apreciada pelos mergulhadores e escafandristas em razão de suas águas azuis cristalinas. Esse famoso recife estende-se por cerca de 2 mil quilômetros ao longo da costa nordeste, acima de Brisbane. Sua largura varia de 15 a 150 quilômetros. Por mais estranho que possa parecer, essa barreira compacta e imponente foi formada por minúsculas criaturas marinhas chamadas *corais*. O coral é um ser que vive e morre em colônias. Ao longo dos séculos, colônias de corais produziram aquele deslumbrante recife, que em algumas partes chega a ter mais de cem metros de profundidade.

A Grande Barreira de Recifes não parece viva. Mas especialistas no assunto disseram-me que aquele recife exuberante é vivo e que continua a crescer à medida que as minúsculas criaturas nascem e morrem. Assim, eu aceito como verdadeira essa afirmação e me sinto maravilhado diante daquilo que ali está sendo produzido.

Nossa fonte de crescimento

De maneira semelhante, a Bíblia é deslumbrante também! À primeira vista, é parecida com qualquer outro livro. As páginas são impressas em branco e preto, como um jornal ou como um guia de TV. Contudo, existe algo muito diferente e vivo sobre a Bíblia. Por que a Bíblia é um livro inigualável?

Afirmação nº1 – A Bíblia afirma ser a Palavra de Deus. Isso faz dela a melhor fonte possível para aprendermos os caminhos de Deus: "Toda a Escritura é inspirada por Deus e útil para o ensino, para a repreensão, para a correção, para a educação na justiça" (2Timóteo 3:16).

Afirmação nº 2 – A Bíblia afirma ser a verdade e jamais tenta justificar suas declarações. E, se a Bíblia é a Palavra de Deus para nós (afirmação nº. 1), podemos ter a certeza de que tudo o que ela diz é verdade. O salmista escreveu: "A lei do Senhor é perfeita" (Salmos 19:7). Portanto, podemos ter certeza de que a Bíblia transmite conselhos apropriados para a vida e para dia a dia.

Afirmação nº 3 – A Bíblia afirma ser viva. Reflita sobre esta maravilhosa declaração: "Porque a palavra de Deus é viva, e eficaz, e mais cortante do que qualquer espada de dois gumes, e penetra até ao ponto de dividir alma e espírito, juntas e medulas, e é apta para discernir os pensamentos e propósitos do coração" (Hebreus 4:12).

Em vista de afirmações como essas, você e eu deveríamos prestar atenção e ser, no mínimo, curiosos quanto ao que a Bíblia diz sobre a vida e nossas prioridades. Sei que, quando leio a Bíblia, minha vida é transformada. Eu passo a pensar de modo diferente. Eu passo a agir de modo diferente. A falar de modo diferente. Nenhum outro livro tem o mesmo efeito sobre uma pessoa! Podemos ler livros sobre qualquer assunto e receber informações que nos ajudarão de uma forma ou de outra. Mas, quando se trata de coração e alma, somente a Bíblia pode transformar de forma verdadeira e duradoura.

Mais importante ainda: se a Bíblia é a Palavra de Deus, e se você e eu queremos viver como homens segundo o coração de Deus, não encontraremos outro livro melhor do que a Bíblia para orientar a nossa vida. Você concorda comigo? Deus escreveu a Bíblia para falar de seu amor por nós e para mostrar como podemos ter um relacionamento alegre, ativo e significativo com Ele. Deus também mostra como podemos ter uma vida mais feliz e quais são as prioridades que nos levam a ter uma vida plena de realizações. Portanto, se você deseja ser um homem segundo o coração de Deus, com certeza vai querer aprender quais são essas prioridades. E isso, é claro, leva tempo e requer que você leia a Bíblia.

O incentivo para crescer

Temos a tendência natural de considerar uma tragédia o fato de uma pessoa não crescer fisicamente. Porém, igualmente trágico é o fato de um cristão não crescer espiritualmente ou não experimentar evolução em sua vida espiritual. Veja, irmão: Deus deseja que você cresça. Na Bíblia, o crescimento é visto como uma consequência natural de nossa vida em Cristo. Na realidade, a Bíblia manda crescer "na graça e no conhecimento de nosso Senhor e Salvador Jesus Cristo" (2Pedro 3:18). O autor da carta aos Hebreus também diz que, com o passar do tempo, seus leitores cresceriam a ponto de poder transmitir aos outros os ensinamentos básicos da Palavra de Deus. Mas o mesmo autor precisou repreender seus leitores porque eles não tinham crescido (Hebreus 5:12). Como eu disse, o crescimento espiritual deve ser uma consequência *natural* de nossa vida em Cristo.

Sede de crescimento

Alguns anos antes de eu chegar à aposentadoria, apresentei-me como voluntário para trabalhar durante duas semanas com a Unidade de Reserva do Exército a que eu pertencia, no sentido de colaborar com um intenso treinamento de guerra no deserto de Mojave, na Califórnia. Depois de 20 anos de serviços prestados ao Exército, eu sabia que aquele treinamento seria desgastante. Sabia, também, que eu não deveria ter-me apresentado como voluntário. Mas me apresentei! Portanto, lá estava eu, comandando uma equipe médica que dava apoio a uma das unidades de tanques blindados... no mês de agosto... sob uma temperatura de quase 49ºC. O calor era sufocante. Eu só pensava em água, água e mais água! Meu corpo clamava por um pouco dessa substância que dá vida.

Amigo, a necessidade que eu tinha de água durante aqueles dias deve ser o mesmo tipo de sede que precisamos sentir pela Palavra de Deus. Nosso corpo físico sabe que não pode funcionar sem água. Da mesma forma, nosso ser espiritual deveria saber que não pode funcionar sem a "água viva" da Palavra de Deus. O salmista descreveu esse anseio por Deus desta maneira:

> Como suspira a corça pelas correntes das águas, assim, por ti, ó Deus, suspira a minha alma. A minha alma tem sede de Deus, do Deus vivo (Salmos 42:1-2).

Você tem esse tipo de anseio por Deus e por sua Palavra? Assim como a água é a única coisa que pode aliviar nossa sede no deserto, a Palavra de Deus é a única coisa que pode satisfazer nossa sede espiritual. Somente a Palavra de Deus nos dá ânimo em tempos de sofrimento e orientação clara quando estamos confusos, em meio ao caos de nossa vida agitada.

A propósito, quando se trata de crescimento espiritual, Deus não o deixa abandonado à própria sorte. O Espírito de Deus, que habita dentro de cada crente, lhe dá o poder e o desejo de crescer. Jesus prometeu que o Espírito será o nosso Guia e o nosso Consolador (João 14:16-17, 26).

A Bíblia e o Espírito Santo são os meios pelos quais Deus provê tudo de que você necessita para o seu crescimento espiritual. O seu anseio é crescer espiritualmente? Que tal passar mais tempo com Deus e com a sua Palavra? Minha oração é que você leia este livro e que sua fome e sede de Deus e seu desejo por sua Palavra cresçam a cada dia.

Uma história pessoal sobre crescimento

Pouco antes, eu fiz menção do fato de ser visto como uma tragédia o crescimento físico de alguém ser impedido por uma enfermidade ou por um acidente. A estagnação do crescimento espiritual é também uma tragédia. Bem, em minha juventude, eu fazia parte daquele grupo de jovens que apenas frequentam uma igreja... só isso. Quando fui para a faculdade, eu era ainda um jovem provinciano e imaturo espiritualmente. Era um forte candidato ao fracasso espiritual. Eu era semelhante ao "filho perdido" da história que Jesus conta em Lucas 15, que...

> ajuntando tudo o que era seu, partiu para uma terra distante e lá dissipou todos os seus bens, vivendo dissolutamente [...] Então, caindo em si, disse: [...] Levantar-me-ei, e irei ter com o meu pai, e lhe direi: Pai, pequei contra o céu e diante de ti; já não dou digno de ser chamado teu filho (v. 13-19).

Assim como aquele jovem, eu caí em mim, por volta dos 30 anos de idade, e me dei conta de que estava definhando espiritualmente, morrendo de fome espiritual. Eu também me levantei e retornei para o meu Pai celestial. E, como fez o pai mencionado na história, que se compadeceu do filho, Deus me recebeu de volta (como Ele sempre faz com quem cai em si e retorna para Ele).

Ao perceber que havia desperdiçado mais de uma década de minha vida em "uma terra distante", eu estava ansioso por aprender a Palavra de Deus e crescer espiritualmente. Comecei a ler a Bíblia inteira, iniciando em Gênesis 1, versículo 1. Até aquela época, eu nunca havia lido a Bíblia de capa a capa!

Como um homem cujo braço ou perna atrofiou em razão de uma deficiência física, minha alma estava atrofiada pelos efeitos debilitadores do pecado. E, da mesma forma que alguém pode, por meio da fisioterapia, recuperar os movimentos de um braço ou de uma perna, eu iniciei uma "terapia espiritual" para recuperar minha antiga força, tornando meus músculos espirituais mais fortes ainda. E, pela graça de Deus, tornei-me útil a meu Pai celestial. Aquele era o anseio de meu coração agradecido e penitente!

E quanto a você? Sua história é semelhante à minha? Você tem vivido ou está vivendo espiritualmente em "uma terra distante"? Se assim for, minha esperança é que você reconheça a importância de buscar uma terapia espiritual e de fazer um exercício espiritual para ajudá-lo a crescer espiritualmente e fortalecer seus músculos espirituais. É esse o desejo de Deus para você, que é filho dele. *Você* também deseja o mesmo?

O impacto do crescimento

O ponto mais extraordinário no crescimento espiritual é o impacto que ele causa em cada área de nossa vida. Além de estarmos agradando a Deus e nos tornando mais maduros como cristãos, você e eu experimentaremos um efeito significativamente positivo em nosso relacionamento com outras pessoas. Todos nós, na condição de homens cristãos, maridos, pais e trabalhadores, temos contato com muita gente, cuja vida pode ser transformada, se nós crescermos.

As cinco perguntas feitas a seguir e as sugestões apresentadas diante de cada uma o ajudarão na busca do seu crescimento espiritual:

Você deseja ser um homem de Deus, forte e amadurecido? Então atenda à sua primeira prioridade, que é desenvolver um relacionamento mais íntimo com Deus.

Você deseja ser um bom marido? Durante o tempo que você passa com Deus e com a sua Palavra, você encontrará respostas para tudo o que necessita saber sobre como amar e cuidar de sua esposa.

Você deseja ser um bom pai? Então cultive uma amizade com Deus, que vise a depender de sua Palavra para receber sabedoria.

Essa intimidade com o Pai celestial lhe trará a sabedoria necessária para criar seus filhos.

Você se preocupa com seus colegas de trabalho? Se a resposta para essa pergunta é "sim", com certeza, você vai desejar ter um relacionamento com Deus que permita que o Espírito de Deus opere em sua vida e leve outras pessoas a Ele.

Você deseja ter uma vida digna? Eu desejo. E acredito que você também! Se você está pronto para iniciar o processo de crescimento que fará com que sua vida seja digna, lembre-se de que o ponto de partida é Deus. Conte a Ele sobre seu renovado ou revigorado desejo de crescer espiritualmente.

Um exemplo de crescimento

Você já deve ter ouvido falar sobre John Wesley. Esse homem segundo o coração de Deus viveu no século 18 e, com seu irmão Charles, fundou a Igreja Metodista. As vitórias que ele alcançou na vida foram consequência de sua dedicação ao ensino da Palavra de Deus a outras pessoas. Por causa de sua devoção à Bíblia, John Wesley ficou conhecido como um "homem de um livro" – *o* Livro. Ele apegou-se à Bíblia porque o desejo de seu coração era crescer... e a Bíblia também se apegou a ele.

Todos os anos, John Wesley e seus seguidores faziam a Deus esta oração em forma de promessa, escrita por Wesley, expressando o desejo que eles tinham de crescer. Se você deseja fazer o mesmo, repita as palavras desta oração para crescer espiritualmente:

> Ó bem-aventurado Jesus [...] Tu foste bondoso em me transmitir as tuas santas leis como Regra de minha vida [...] Eu me disponho a colocar meu pescoço sob teu jugo e meus ombros para carregarem teu fardo [...] E, submisso a todas as tuas santas, justas e

> boas leis, solenemente, eu as tomo como Regra para minhas palavras, pensamentos e ações, prometendo que [...] Eu me esforçarei para que ela governe minha vida inteira de acordo com a tua direção, e não me permitirei negligenciar nada do que eu considerar meu dever.[5]

Ao comprometer-se a crescer espiritualmente e, pela graça divina, viver como um homem segundo o coração de Deus, você se tornará um homem de Deus, ansioso por cumprir todas as funções e responsabilidades que Ele colocou diante de você.

O crescimento espiritual é uma busca incessante. Crescemos em maturidade espiritual minuto após minuto, dia após dia, ano após ano.

O exercício espiritual é, em muitos aspectos, bem parecido com o exercício físico. Se você parar de se exercitar fisicamente, talvez seu corpo não deixe transparecer, por algum tempo, os resultados da inatividade. Mas, um dia, você despertará e descobrirá que tudo está enfraquecido e desarticulado.

– Jim George

3
Como crescer espiritualmente

Crescei na graça e no conhecimento de nosso Senhor e Salvador Jesus Cristo.
– 2Pedro 3:18

Não é difícil encontrar motivação para fazer as coisas que *queremos* fazer, não é mesmo? Embora seja difícil demonstrar euforia quando se trata de realizar pequenos reparos em casa ou de sair para o trabalho cada manhã, geralmente nos sentimos revigorados e entusiasmados quando se trata de um passatempo favorito ou de alguns momentos de recreação.

As atividades nas quais nos envolvemos podem ter efeito positivo ou negativo em nossa vida. Por exemplo, da janela de onde moro, em Washington, eu avisto um lago, onde, às 5 horas da manhã, há homens dentro de barcos, pescando. Alguns ficam ali até às 5 horas da tarde, até o pôr-do-sol. Outros não são muito constantes nem persistentes. Há, ainda, aqueles que frequentam o local com assiduidade, mas nunca levam a família em sua companhia. Eu gostaria de saber como é a vida da família desses homens. Será que são casados? Se o forem, que tempo eles têm para passar com as esposas, se estão sempre pescando? E quanto a seus filhos? Ouço frequentemente queixas de pais que não conseguem conviver com os filhos adolescentes e, no fundo de minha mente, eu me pergunto se algum desses pais fez algum esforço para cultivar um bom relacionamento com os filhos.

Não vai aqui nenhuma crítica a quem gosta de pescar, mas quero deixar claro que as coisas que apreciamos precisam ser mantidas no contexto das prioridades que Deus estabeleceu para a vida. Os passatempos que nos motivam – esporte, pescaria, caminhada, natação ou outra qualquer diversão – podem ter efeito positivo ou negativo, dependendo da maneira como lidamos com eles. Por exemplo, eu sou corredor. Gosto imensamente de correr e, por causa dos numerosos efeitos benéficos que a corrida traz, sempre dou um jeito de sair para correr, mesmo quando estou com a agenda lotada. Faço isso porque quero – e, conforme eu disse, queremos sempre fazer aquilo de que gostamos. O segredo é não deixar de lado outros elementos importantes de nossa vida enquanto buscamos nossos próprios interesses.

Até agora, abordamos neste livro a vida de outras pessoas, a natureza do seu coração e seus anseios. Como cristãos, temos a tendência natural de *desejar* crescer espiritualmente. De acordo com o que vimos antes, o coração de Davi ansiava por seguir a Deus, da mesma forma que o coração de John Wesley cultivava esse desejo. Eu já contei um pouco a respeito dos desejos de meu coração. Em breve, passaremos algum tempo estudando o que motivou a vida do apóstolo Paulo. Mas agora é tempo de você olhar para o seu coração e para os seus anseios. Qual é o desejo ardente de sua alma? Espero que você esteja respondendo: "Quero ser um homem segundo o coração de Deus. Quero crescer espiritualmente. Quero que minha vida produza um impacto positivo na vida de outras pessoas. Quero ser tudo o que Deus deseja que eu seja. Mas por *onde* devo começar?"

Esse é um desejo maravilhoso e, com certeza, ele produzirá um impacto positivo em sua vida e na de todos os que o rodeiam. O melhor de tudo é que, quando você busca satisfazer esse desejo e começa a ver resultados positivos, sente-se motivado a crescer ainda mais na área espiritual.

Quais são, então, os passos para que ocorra esse crescimento? Vamos analisá-los.

Passos para buscar o crescimento espiritual

1. *Dedique sua vida a Jesus Cristo.* Você já tomou a decisão de aceitar Jesus como o Salvador e Senhor de sua vida? Conforme eu disse antes, esse é verdadeiramente o primeiro passo para que você seja um homem segundo o coração de Deus. Assim que você se torna cristão, o Espírito Santo entra em sua vida e trabalha para fazer com que se cumpra nela a vontade de Deus. Assim como os discípulos de Jesus, você está pronto para obedecer à sua convocação "vinde após mim" (Marcos 1:17)?

2. *Saiba lidar com o pecado.* Pecado é qualquer pensamento, palavra ou ação que contraria as instruções de Deus contidas na Bíblia. Meu amigo, o pecado sempre inibirá seu crescimento espiritual. Voltando à vida de Davi, vemos claramente como o pecado pode destruir um homem e qual é o efeito que ele exerce em sua carreira e em sua família. Por exemplo, reflita sobre o caso amoroso de Davi com Bate-Seba. Para encobrir o fato de ter engravidado Bate-Seba, Davi deu um jeito de o marido dela a morrer numa batalha (1Samuel 18). Davi manteve silêncio sobre seus pecados durante um ano inteiro. Leia a descrição do próprio Davi sobre o que lhe aconteceu durante aquele ano:

> Enquanto calei os meus pecados, envelheceram os meus ossos pelos meus constantes gemidos todo o

> dia. Porque a tua mão pesava dia e noite sobre mim, e o meu vigor se tornou em sequidão de estio. Confessei-te o meu pecado e a minha iniquidade não mais ocultei. Disse: Confessarei ao Senhor as minhas transgressões; e tu perdoaste a iniquidade do meu pecado (Salmos 32:3-5).

Davi sofreu em seu físico alguns efeitos negativos por causa de seus pecados – seu corpo desgastou-se, ele gemia de dor, sua vitalidade exauriu-se, suas forças chegaram ao fim e sua vida começou a declinar. E os efeitos espirituais devem ter sido tão ruins quanto os efeitos físicos, ou até piores do que esses! Davi sabia que havia errado. E também sabia que não podia esconder seu pecado de Deus.

Agora, você deve estar pensando:

> *Eu não sou tão pecador quanto Davi. Não matei ninguém nem tive um relacionamento amoroso ilícito. Meus pecados são insignificantes e não prejudicam ninguém.*

Mas Jesus ressaltou a gravidade do pecado quando disse que, quando nos irássemos contra alguém, estaríamos sujeitos a julgamento (Mateus 5:22). E que, quando olhássemos para uma mulher, desejando-a, ainda que apenas na nossa mente, teríamos cometido adultério com ela em nosso coração (Mateus 5:28).

A questão básica é que qualquer pecado, seja ele grande ou pequeno, manifesto ou oculto, é uma afronta à santidade de Deus e deve ser confessado e perdoado. Amigo, quando você e eu deixamos de confessar um pecado em nossa vida, estamos prejudicando nosso relacionamento com Deus, prejudicando nosso crescimento espiritual, prejudicando as pessoas que amamos e prejudicando nosso trabalho.

Que tal você parar por alguns instantes e refletir sobre sua vida? Existe algum pecado não confessado? Você sente a necessidade de confessar seu pecado a Deus, conforme Davi o fez? Por ser um homem segundo o coração de Deus, Davi confessou seu pecado. Ele sentiu a maravilhosa purificação que se seguiu à sua confissão e declarou: "Bem-aventurado aquele cuja iniquidade é perdoada, cujo pecado é coberto" (Salmos 32:1).

Se você deseja sentir a purificação que advém com o perdão de Deus e quer livrar-se da culpa causada pelo pecado, cultive o hábito de confessar seus pecados ao Senhor. E, quando fizer isso, lembre-se de agradecer a Deus o perdão recebido... para crescer ainda mais espiritualmente!

3. *Livre-se da preguiça espiritual.* Em anos passados, participei de um estudo bíblico para homens realizado aos sábados de manhã em minha igreja. O estudo começava às 7 horas. Assim, eu precisava sair de casa às 6h30min para chegar à hora naquele encontro. Todos os sábados, enquanto me dirigia de carro à igreja, eu passava por um campo de golfe com um grande número de homens praticando esse esporte. Muitos já estavam jogando a uma grande distância, o que significava que haviam chegado bem cedo, por volta das 6 horas!

Quando eu chegava à igreja, porém, notava que poucos homens apareciam para estudar a Palavra de Deus. Eu sempre me perguntava por que tantos homens não-cristãos se levantavam de madrugada, no sábado de manhã, para jogar golfe, enquanto poucos homens cristãos estavam dispostos a sair cedo da cama para estudar a Palavra de Deus e crescer espiritualmente. Veja: não existe nada de errado em jogar golfe nas manhãs de sábado. O que quero dizer é que, se você deixa de separar um pouco de tempo para Deus e escolhe passar esses momentos se divertindo, está prejudicando seu crescimento espiritual.

Sei que não é fácil, porque estou constantemente avaliando minhas escolhas. Precisamos fazer as seguintes perguntas a nós mesmos: estou dando preferência às coisas mundanas, enquanto deixo Deus e sua Palavra de lado? Estou dando preferência a passatempos e esportes mundanos a ponto de não ter tempo de estudar a Palavra de Deus, ao lado de homens de Deus?

Que tal convidar o Senhor para ajudá-lo em suas escolhas? Que tal resolver passar mais tempo com Deus e com sua Palavra e mais tempo com outros homens de Deus estudando sua Palavra? Que tal começar um programa de exercícios espirituais para fortalecer seus músculos espirituais? É assim que deve ser o homem segundo o coração de Deus.

4. *Escolha o método de crescimento.* A maravilha de iniciar um programa de exercícios espirituais é que existem inúmeras e excelentes ferramentas disponíveis para ajudá-lo a crescer. E você pode escolher entre diferentes tipos de estudo que podem ajudá-lo, dependendo de sua agenda de trabalho, estilo de vida e responsabilidades. Talvez você queira iniciar com métodos que o ajudem a estudar a Bíblia sozinho. Para assisti-lo em seu estudo pessoal, incluí, no final deste livro, algumas sugestões práticas para se estudar a Bíblia (ver páginas 217-22). Ou talvez você queira participar de um programa de estudo bíblico com outros homens que também tenham o desejo de crescer espiritualmente.

Aqui estão algumas possibilidades:

- Ouça a leitura da Bíblia ou sermões de seu pregador favorito em fitas de áudio.
- Assista a sermões ou palestras em videoteipe.
- Participe de cursos noturnos para estudar livros da Bíblia, vida cristã, teologia etc.
- Comece a memorizar versículos-chave.
- Utilize uma combinação dessas ou de outras sugestões.

Acima de tudo, você deve sentir o desejo de ler a Bíblia com regularidade. A Palavra de Deus sempre será sua principal fonte de alimento espiritual. Certa vez, ouvi falar de uma surpreendente estatística cujos dados relatavam que menos de 5% de todos os cristãos leram a Bíblia inteira pelo menos uma vez. Isso significa que a simples prática de ler a Bíblia com regularidade o colocará dentro desse percentual em que poucos cristãos conseguiram ser incluídos. E saiba que, para ler a Bíblia inteira em um ano, são necessários apenas cinco a dez minutos por dia!

Amigo, a decisão de ler a Bíblia inteira é só sua. Seu pastor não pode decidir por você. Sua esposa ou um amigo não podem decidir por você. Não, é você quem deve decidir! E, para ajudá-lo, incluí uma programação de leitura da Bíblia no final deste livro. Você sentirá o desejo de ler a Bíblia diariamente, o que o ajudará em sua busca de crescimento espiritual. Talvez você também queira pedir a ajuda de alguém para manter esse compromisso. Ao compartilhar seu crescimento espiritual com um amigo, você descobrirá que tem a seu dispor uma maravilhosa fonte de incentivo e apoio.

5. *Resolva ser um discípulo*. Se quisermos crescer, antes de tudo teremos de nos tornar aprendizes. Uma das melhores maneiras de aprender é encontrar alguém que possa nos conduzir à maturidade espiritual. Para ser um discípulo, é necessário ter um conselheiro espiritual.

É importante que todo aquele que deseja ser um homem segundo o coração de Deus tenha alguém que lhe sirva de exemplo, alguém que possa aconselhá-lo, oferecer-lhe orientação e incentivo com regularidade. Quando eu era ainda inexperiente em minha vida cristã, sabia que necessitava de ajuda. Sempre! Eu tinha esposa e duas filhas pequenas, mas, sinceramente, não sabia como começar a me desenvolver espiritualmente. Resolvi procurar alguém que já tivesse crescido um pouco mais em sua vida espiritual para me ajudar. Eu só tenho de agradecer a Deus por não ter precisado exigir demais dessa pessoa, porque, em minha igreja, havia outros homens piedosos que também podiam me ajudar.

Ao longo dos anos, conheci muitos outros homens que contribuíram para o meu amadurecimento na vida cristã. Tenho uma dívida enorme para com eles! E, um dia, também cheguei ao ponto de poder me reunir com homens espiritualmente menos experientes que eu para lhes ensinar aquilo que eu havia aprendido.

A Bíblia faz um forte apelo para que homens como você e eu participemos desse discipulado. Paulo exortou um de seus discípulos desta maneira: "E o que de minha parte ouviste através de muitas testemunhas, isso mesmo transmite a homens fiéis e também idôneos para instruir a outros" (2Timóteo 2:2).

Esse versículo me traz à mente uma corrida de revezamento. Imagino Paulo falando essas palavras a Timóteo, seu discípulo, dizendo que pegasse o bastão da verdade de Deus e o passasse a outros homens fervorosos. Eles, por sua vez, deviam passar o bastão da verdade a outros, que também o passariam adiante. Essa corrida espiritual de revezamento tem prosseguido ao longo dos séculos, e, agora, o bastão está sendo entregue a você e a mim! Irmão, devemos pegar esse bastão e passá-lo a outras pessoas. Humanamente falando, a corrida depende de passarmos o bastão com fidelidade e com sucesso. Não devemos decepcionar o Senhor deixando de cumprir nossa tarefa!

6. *Dedique sua vida visando a ter um crescimento espiritual constante.* O crescimento espiritual é uma busca incessante. Crescemos em maturidade espiritual minuto após minuto, dia após dia, ano após ano. O exercício espiritual é, em vários aspectos, bem parecido com o exercício físico. Se você parar de se exercitar fisicamente, talvez seu corpo não deixe transparecer, por algum tempo, os resultados da inatividade. Mas, um dia, você despertará e descobrirá que tudo está enfraquecido e

desarticulado. (Isso aconteceu comigo por volta dos meus 35 anos de idade!)

Da mesma forma, você pode pensar que vai conseguir vencer sem ler a Bíblia, sem orar e sem ser um discípulo. Um dia, porém, você despertará e descobrirá que está espiritualmente debilitado e fora de forma... tudo porque não foi persistente no esforço de buscar o crescimento dia após dia. Lembre-se: você não pode descansar no crescimento de ontem. Pelo contrário, deve se empenhar para crescer hoje e todos os dias de sua vida.

Os benefícios do crescimento espiritual

Ao estudar os passos necessários para o crescimento espiritual, você deve estar pensando: *isso não é nada fácil!* Apesar de ser verdade que, para crescer, você precisa agir, os benefícios desse crescimento são fenomenais e muito gratificantes. Veja o que acontece quando você se torna um homem segundo o coração de Deus:

- Você passa a ter um relacionamento mais próximo com Deus.
- Você mostra uma conduta semelhante à de Cristo diante das pessoas que observam seu comportamento.
- Você se torna o líder espiritual de que sua família necessita.
- Você tem a força espiritual necessária para enfrentar as tentações.
- Você se tornar um exemplo de fortalecimento e de maturidade espiritual para outros homens.
- Você consegue desenvolver recursos espirituais para transmiti-los a outras pessoas.

Iniciamos este capítulo falando de motivação e anseio. E, agora, eu preciso lhe dizer uma coisa. O simples fato de poder compartilhar com você esses tipos de bênçãos e benefícios deixa-me motivado, pela graça divina, a *continuar* a ser um homem segundo o coração de Deus! Estou orando para que o mesmo aconteça com você.

. . . .

Mostra-me um homem de Deus

Mostra-me um homem de Deus – um homem só,
Cuja mente pela fé seja dominada,
E tudo o que estiver errado eu corrigirei
E toda a humanidade seja abençoada!

Mostra-me um homem de Deus – um homem só,
Cuja língua com o fogo do céu seja tocada,
E eu inflamarei o coração mais tenebroso
Com sincero desejo e vontade determinada.

Mostra-me um homem de Deus – um homem só,
Um profeta do Senhor cheio de unção,
E paz na Terra haverá,
Não pela espada, mas pela oração.

Mostra-me um homem de Deus – um homem só,
Que seja fiel à sua visão,
Assim teus santuários reconstruirei
E a ti dobrará os joelhos cada nação:[6]

. . . .

Tenho lido histórias sobre a vida de muitos cristãos eminentes que viveram na Terra desde os tempos bíblicos. Vejo que alguns eram ricos, outros, pobres. Alguns eram instruídos, outros, iletrados. Alguns eram episcopais, outros, cristãos de várias denominações. Alguns eram calvinistas, outros, arminianos. Alguns gostavam de que o culto tivesse uma liturgia, outros preferiam um culto sem um ritual preestabelecido. Mas vejo que eles tinham uma coisa em comum: todos foram homens de oração.[7]

– J. C. Ryle

4

As marcas de um homem segundo o coração de Deus

Parte 1

Tendo-se levantado alta madrugada, [Jesus] saiu, foi para um lugar deserto e ali orava.

– Marcos 1:35

Antes de fazer parte do conselho pastoral da Igreja Comunidade da Graça, de Sun Valley, na Califórnia, eu trabalhei e fiz carreira na indústria farmacêutica. Por que escolhi esse ramo? Talvez porque o primeiro emprego que tive em minha pequenina cidade natal tenha sido em uma drogaria. Eu varria o chão, estocava as prateleiras e trabalhava como "menino de entrega". Eu gostava do ambiente – era limpo, muito movimentado, e tudo o que havia ali servia para proporcionar bem-estar às outras pessoas. Meu patrão, um cristão convicto, fazia daquele ambiente um local muito agradável.

Eu gostava tanto de trabalhar ali que direcionei meus estudos para essa área, até diplomar-me pela Escola de Farmácia da Universidade de Oklahoma.

Durante esses 35 anos, desde a minha formatura, tenho trabalhado, esporadicamente, na área médica. Exerci a profissão de farmacêutico em drogarias e hospitais e, depois de abraçar o ministério, continuei a trabalhar no Corpo de Serviço Médico dos oficiais de reserva do Exército. Mantenho atualizada até hoje a minha licença para exercer o ofício de farmacêutico. Para isso, preciso completar determinado número de horas de treinamento contínuo durante o ano.

Para manter minha licença de farmacêutico, sou obrigado a entender a ação das drogas e em que situações elas podem ou não ser usadas. Isso significa que o farmacêutico sabe muito bem que cada classe ou grupo de drogas contém um conjunto exclusivo e consistente de ações e reações. Essas características, ou marcas, são comuns a todos os medicamentos de determinada classe ou grupo. Com isso, é possível saber qual será o efeito de determinadas drogas, quando estas forem usadas. Se as drogas não tivessem características consistentes, seria impossível usá-las com segurança.

Um coração que obedece

Você deve estar se perguntando o que tudo isso tem a ver com um homem segundo o coração de Deus, não é mesmo? Bem, as várias classes de medicamentos têm características semelhantes, e o mesmo se aplica aos homens segundo o coração de Deus. Em outras palavras: os homens segundo o coração de Deus têm traços de caráter semelhantes. E até agora estamos falando da marca mais importante do homem de Deus. Você entendeu o que quero dizer? *Um homem segundo o coração de Deus é aquele que anseia por agradar a Deus; é aquele que possui um coração que obedece.*

Essa verdade aplicou-se a Davi. Vimos no capítulo anterior que Davi era um homem segundo o coração de Deus porque ele desejava fazer a vontade de Deus (Atos 13:22). E, meu amigo, se essa verdade aplicou-se a Davi, aplica-se também a qualquer homem que deseje ser um homem segundo o coração de Deus. É muito importante conhecer a vontade de Deus... e obedecê-la! Sim, essa é uma maneira simples de olhar para tudo o que está envolvido no verdadeiro crescimento espiritual. Basicamente, essa é a chave para ser um homem de Deus – conhecer sua Palavra e obedecê-la. Como eu já disse, essa característica é a marca principal do homem de Deus.

Sei que já mencionei isso antes, mas tenho sido grandemente abençoado em minha vida por ter tido, ao longo dos anos, conselheiros que pertenceram à "honrosa classe de homens segundo o coração de Deus". Foi no cultivo dessas amizades que algumas marcas adicionais de vida piedosa se tornaram evidentes para mim. À medida que eu observava "de perto" a vida desses homens, comecei a compreender que as marcas dos homens piedosos da Bíblia (homens como Moisés, José, Neemias, Paulo e, é claro, Davi) são as mesmas marcas evidentes em todos os homens piedosos.

Com isso em mente, eu pergunto: quais são as outras marcas de um homem segundo o coração de Deus? Quais são as outras qualidades que destacam um homem que viveu 3 mil anos atrás ou um homem – como você e eu – que vive nos dias de hoje? Vimos, em Atos 13:22, que um homem como esse deseja obedecer a Deus. Vamos analisar aqui a principal dessas marcas, e, no próximo capítulo, analisaremos várias outras.

Um coração que ora

Ao ler a Bíblia do começo ao fim, torna-se claro que os homens que buscaram a Deus eram homens de oração. Os poucos exemplos a seguir nos dão uma ideia da importância da oração como característica principal na vida dos homens a quem Deus usou:

- *Abraão*, ao longo de sua vida, edificou altares e invocou o nome de Deus (Gênesis 12:7-8).
- *Moisés* ajoelhava-se constantemente para orar a Deus, pedindo orientação para conduzir a nação de Israel (Êxodo 34:12-16).
- *Davi* orou, suplicando perdão por sua insensata decisão de recensear o povo sob seu comando (2Samuel 24:10).
- *Salomão*, o grande rei de Israel, orou pedindo sabedoria a fim de julgar o povo com justiça (1Reis 3:9).
- *Daniel* proferiu uma oração de confissão e orou, também, em favor de seu povo, pedindo a Deus que fizesse os judeus retornarem à sua terra (Daniel 9:3-19).
- *Neemias* orou suplicando a proteção de Deus durante a reconstrução dos muros de Jerusalém (Neemias 4:9).
- *Os apóstolos* oraram, suplicando orientação após a ascensão de Jesus (Atos 1:14).
- *O apóstolo Paulo* orou constantemente pelas igrejas às quais ele ministrava (2Coríntios 11:28). Paulo também era lembrado nas orações contínuas feitas pelos homens instruídos por ele (2Timóteo 1:2-3).

Ao escrever a Timóteo sobre a maneira como a igreja de Éfeso deveria prestar culto, Paulo disse o seguinte: "Antes de tudo, pois, exorto que se use a prática de súplicas, orações, intercessões, ações de graças" (1Timóteo 2:1). Um pouco adiante, Paulo faz esta exortação: "Quero, portanto, que os varões orem em todo lugar, levantando mãos santas" (v. 8). Paulo considerava a oração como um ministério primordial da igreja e queria que seus membros participassem ativamente dessa importante função do culto.

Talvez você já desfrute de uma vida de oração. Mas, se você for como a maioria de nós, provavelmente existe ainda espaço para aperfeiçoá-la – talvez *muito* espaço! Meu maior problema é que é fácil eu deixar que outras coisas interfiram na maioria das oportunidades que tenho para orar. Talvez você enfrente, também, esse problema. J. Oswald Sanders, um respeitado autor e professor de doutrinas bíblicas, expressou-se muito bem quando declarou:

> A arte da oração, como qualquer outra, exige tempo para ser dominada com maestria, e a quantidade de tempo que dedicamos a ela é a justa medida da noção que temos de sua importância:[8]

Portanto, o que será necessário para que você e eu dominemos a arte da oração, para que tenhamos um coração que ora?

Tempo – Evidentemente, *tempo* é o elemento-chave para uma vida de oração. Se você e eu queremos ser homens segundo o coração de Deus, precisamos reservar um tempo durante o dia para aprimorar a arte da oração e dedicar nosso coração a ela. Para mim, o melhor momento para orar é de manhãzinha. Sinto-me mais disposto a orar quando incluo um estudo bíblico nesses momentos de tranquilidade e silêncio.

Em muitas ocasiões (e o que vou dizer talvez não pareça ser muito espiritual) oro enquanto corro. Levo minha lista de orações na mão... ou no coração... e corro. Quando começo a ganhar velocidade no asfalto e passo a orar, eu me concentro totalmente na oração (e com uma vantagem: eu me esqueço do cansaço da corrida!).

Você deve ter outros momentos mais apropriados durante o dia para orar. Porém, conforme J. Oswald Sanders disse na frase citada, a quantidade de tempo que dedicamos a alguma coisa indica qual é a sua importância para nós. Portanto, devemos dar à oração o tempo que ela exige e merece. Afinal, ela é a marca – a marca vibrante – de um homem segundo o coração de Deus.

Lugar – Depois de reservado o tempo adequado, precisaremos escolher um *lugar* para ter nossa hora de íntima comunhão com Deus. Esse local, como geralmente é o meu, pode ser ao ar livre, em uma estrada ou em uma trilha por onde estamos correndo. Ou pode ser um lugar tranquilo dentro de casa, antes que a família se levante. Muitos homens têm me contado que o melhor momento e o melhor lugar para orar é quando estão dirigindo o carro, a caminho do trabalho. Você não precisa estar com os olhos fechados dentro de um quarto para contar a Deus os problemas e anseios de sua vida. Em vez de ouvir o rádio ou um CD, ou de pensar no resultado do jogo da noite anterior, eleve os pensamentos a Deus e murmure uma oração direcionada a Ele. Em espírito de adoração, recite um trecho da Bíblia e medite sobre ele. Ou, então, conte a Deus o que se passa dentro de seu coração.

Jesus Cristo é nosso exemplo perfeito de um homem de oração. Ao longo dos Evangelhos, nós o vemos buscando um lugar isolado para orar ao Pai, pedindo força e orientação para sua vida. Em Marcos 1:35, lemos que Ele separava um tempo e um lugar: "Tendo-se levantado alta madrugada, [Jesus] saiu, foi para um lugar deserto e ali orava" (grifo meu).

Regularidade – Em terceiro lugar, necessitamos de *regularidade* para construirmos uma vida de oração. Como você desenvolveu uma habilidade que hoje faz parte natural de sua vida? Como aprendeu a chutar bola, a andar de bicicleta, a dirigir um carro? Você aprendeu *fazendo*. O mesmo ocorre com a oração – aprendemos a orar *orando*. Não existe outro caminho mais fácil. Quanto mais você orar com regularidade, mais acostumado e mais habilitado ficará. Com o passar do tempo, você adquirirá mais sensibilidade para saber como orar com mais eficiência. E, quanto mais você se aproximar de Deus em oração, mais consciente ficará da presença divina... e dos pecados que você cometeu. A consciência da presença de Deus e o reconhecimento de seus pecados o ajudarão a se tornar um homem segundo o coração de Deus.

Hábito – A Bíblia nos exorta a desenvolvermos o *hábito* ou a atitude de orar constantemente. Assim Paulo nos aconselha: "Orai sem cessar" (1Tessalonicenses 5:17). O Espírito de Deus, que habita em nós, sabe quais devem ser nossos motivos de oração (Romanos 8:26-27); portanto, podemos orar o tempo todo, em qualquer lugar, com regularidade, fazendo disso um hábito. Irmão, o hábito de orar é uma marca distintiva do homem segundo o coração de Deus.

E, por falar em orar, estou orando para que nossa conversa sobre oração tenha despertado em você o desejo de tornar mais visível em sua vida essa marca que distingue um caráter piedoso. Isso está martelando em meu coração enquanto escrevo esta parte do livro. (Na verdade, estou resistindo à tentação de calçar meus tênis e de sair correndo pela estrada para poder passar um pouco de tempo orando... mas primeiro quero tentar terminar este capítulo!) Antes de encerrá-lo, deixo com você algumas sugestões preciosas sobre como começar a orar com mais regularidade:

- Comece no ponto em que você está. Para mim, todas as vezes que perco o hábito de orar, começo com alguns minutos por dia.
- Comece dando ênfase às suas prioridades. Antes de tudo, ore por seu crescimento espiritual. Se você é casado e tem filhos, ore por sua família. Ore, pedindo ao Senhor que faça de você um homem de Deus em seu lar e nos relacionamentos familiares.

- Comece com uma lista de oração. Pegue um cartão pequeno (do tamanho de um cartão de visitas) e anote o nome das pessoas e os assuntos que são importantes para você e para Deus. Ore fervorosamente por essas pessoas e por esses assuntos. (A vantagem do cartão é que você pode guardá-lo no bolso da camisa o dia inteiro, prendê-lo na tela do computador, segurá-lo na mão enquanto dirige o carro ou, como eu, enquanto corre.)
- Comece a orar com regularidade – um dia após outro.
- Comece, pedindo a Deus que o ensine a orar (Romanos 8:26-27).
- Comece a colher as bênçãos da oração respondida.

É isso aí, amigo. Você quer seguir a Deus, ser um homem piedoso, exercer uma boa influência na vida de outras pessoas, para sempre? Então ore. O resultado é maravilhoso – você começará a colher as bênçãos da oração respondida. Meu amigo e escritor Terry Glaspey disse o seguinte em seu excelente livro sobre oração: "A oração é, verdadeiramente, um dos mais importantes elementos para nosso crescimento espiritual. Pode-se dizer com absoluta certeza que os cristãos que oram são cristãos que crescem espiritualmente."[9]

Meu caro irmão, as marcas de um homem segundo o coração de Deus continuam... conforme veremos no próximo capítulo. Mas, antes, quero fazer um resumo do que aprendemos até agora sobre como ser um homem segundo o coração de Deus. Vimos que o homem segundo o coração de Deus possui...

... um coração que é salvo;

... um coração que anseia pela Palavra de Deus;

... um coração que obedece;

... um coração que ora.

Que tal reservar um momento de oração buscando ter um coração igual a esse?

••••••••

Procura-se um homem!

O que está em falta e é difícil de encontrar,
O quc incessantemente estamos a procurar,
É um homem de caráter piedoso e singular...
Um homem honesto que ocupe uma elevada posição;
Um homem com objetivos e aparência sem ostentação;
Um homem cuja nobreza não se prenda
Ao egoísmo, à ganância, ao poder ou à alta renda...
Um homem cujo machado não precise ser afiado;
Um homem que não busque, com espírito entusiasmado,
O próprio bem-estar... Um homem de coração fechado
À ambição desmedida e ao lucro exagerado...
Um homem de ampla, sincera e fervorosa visão;
Um homem de decisões rápidas e de muita sabedoria;
Um homem que não se encolha diante de qualquer zombaria...
Um homem cuja alma tenha asas para voar na amplidão:[10]

••••••••

Theodore Roosevelt disse:

"Você pode adorar a Deus em qualquer lugar e em qualquer tempo, mas, provavelmente, não conseguirá isso sem antes aprender a adorá-lo num lugar reservado e num tempo específico." [11]

Davi disse:

"Alegrei-me quando me disseram: Vamos à Casa do SENHOR."

– Salmos 122:1

5

As marcas de um homem segundo o coração de Deus

Parte 2

Deus é espírito; e importa que os seus adoradores o adorem em espírito e em verdade.
– João 4:24

O que você e eu podemos fazer para ter as marcas de um homem segundo o coração de Deus? Essa é a pergunta que fizemos nos primeiros capítulos deste livro. Eu prometi apresentar uma lista das características que nós, homens que desejam ser piedosos e ter um forte relacionamento com Deus, devemos desenvolver. Começamos a lista no capítulo anterior e, até agora, analisamos duas dessas marcas – um coração que obedece a Deus e um coração que ora.

Agora, vamos analisar várias outras marcas. Tenha em mente que o número delas é bem maior do que aquele que você e eu podemos relacionar. Porém, as poucas marcas que escolhi para mencionar aqui estão entre as mais importantes para nos incentivar a dar o passo inicial em nossa busca de seguir a Deus.

Um coração que louva

O que geralmente lhe vem à mente quando você pensa em Davi? Se você é como eu, naturalmente pensa que Davi foi vitorioso por causa da sua virilidade e coragem. Ele lutou com um leão e com um urso. Abateu um gigante. Foi um homem valente na guerra, venceu muitos inimigos. Foi um grande líder de homens. Foi o construtor da "cidade de Davi". Seus inimigos o temiam. Ele foi um dos reis mais importantes da antiguidade. Não há dúvida de que Davi foi um grande homem, um grande líder e um grande guerreiro.

Mesmo assim, Davi tinha um coração terno em relação a Deus. Ele estava constantemente entoando louvores a seu Deus. Ele se caracterizou como o "cantor de Israel", quando disse: " a sua palavra [de Deus] está na minha língua" (2Samuel 23:2). O Espírito do Senhor falava por intermédio de Davi.

Davi nem sempre fez o que era certo, mas ele nunca afastou Deus de seus pensamentos. Davi conhecia o "segredo" de seu sucesso. Certa ocasião, ele se apresentou perante o Senhor e expressou com estas palavras sua mais completa admiração diante das bênçãos de Deus: "Quem sou eu, Senhor Deus, e qual é a minha casa, para que me tenhas trazido até aqui?" (2Samuel 7:18). Davi manifestou seu louvor a Deus!

Vamos ler alguns dos muitos versículos de louvor escritos por Davi. Enquanto você lê, pense no quanto Deus o tem abençoado. Você tem uma esposa querida, filhos encantadores, uma boa igreja, um emprego estável, um lugar onde morar? Se a resposta for positiva, você tem muitos motivos para louvar a Deus. Ainda que falte algo em sua vida, não deixe de louvá-lo. O Deus amoroso e onisciente conhece sua situação e sabe do que você necessita. Portanto, louve ao Senhor por sua infinita sabedoria.

(Espero que você esteja entendendo o sentido da necessidade e da simplicidade de ter um coração que louva ao Senhor.)

Vamos, então, refletir sobre o exemplo de Davi:

> Eu, porém, renderei graças ao Senhor; [...] cantarei louvores ao nome do Senhor Altíssimo (Salmos 7:17).
>
> Salmodiai ao Senhor, vós que sois seus santos, e dai graças ao seu santo nome (Salmos 30:4).
>
> Exultai, ó justos, no Senhor! Aos retos fica bem louvá-lo (Salmos 33:1).
>
> Bendirei o Senhor em todo o tempo, o seu louvor estará sempre nos meus lábios (Salmos 34:1).

Davi nos dá um bom exemplo, não é verdade? Ele nos mostra que um homem segundo o coração de Deus é aquele que não tem medo de verbalizar seu amor por Ele. Davi usava essa prática de maneira franca e constante na presença de Deus. O coração de Davi manifestava louvores e mais louvores ao longo do dia. E, repetimos, ele nunca afastou Deus de seus pensamentos – onde quer que estivesse, Davi aproveitava a oportunidade para adorar a seu Deus.

Você, como homem que ama a Deus, também não deve hesitar em louvá-lo. Enquanto trabalha no escritório, dirige seu carro ou descansa em casa com a família, você, homem de Deus, deve estar sempre disposto a oferecer louvores a Ele em seu coração e com os seus lábios (Hebreus 13:15).

Como você pode exercitar-se para estar na presença de Deus? Aqui estão algumas sugestões que me foram úteis para oferecer louvores ao Senhor:

Medite sobre o poder de Deus – Raramente eu atravesso um dia sem pensar na meditação de Paulo sobre a força de Deus: "Tudo posso naquele que me fortalece" (Filipenses 4:13). Você tem um problema hoje – um desafio a ser enfrentado, um assunto a ser resolvido no trabalho, uma divergência com sua esposa, com seu filho ou com outra pessoa? Então, abasteça-se do poder de Deus por meio dessa poderosa verdade... e transforme em louvor a sua gratidão pelo poder divino.

Memorize salmos de louvor – Eu gosto muito de Salmos 118:24: "Este é o dia que o Senhor fez; regozijemo-nos e alegremo-nos nele." Ele é uma "mola propulsora", por assim dizer. Quando me defronto com um novo dia (e seus desafios), esse versículo, que faz parte de um dos 150 salmos, dá-me novo ânimo para enfrentá-lo! Diga-o em voz alta e memorize-o. A Palavra de Deus é poderosa para transformar qualquer hesitação em motivo de louvor.

Conheça a fundo as promessas de Deus – Calcula-se que o número de promessas contidas na Bíblia varia de 7:487 a 30.000:[12] Eu insisto em que você escolha uma. *Qualquer* uma! No meu caso (talvez porque no momento estou pressionado a terminar este livro dentro do prazo), eu recorro às promessas de Deus todos os dias, promessas como: "Bendito seja o Senhor que, dia a dia, leva o nosso fardo!" (Salmos 68:19). Amigo, detenha-se nessa promessa e veja o que acontecerá com seus fardos. Você vai sentir confiança, conforto e vigor renovados.

Maravilhe-se diante das provisões de Deus – Paulo declarou com ousadia: "E o meu Deus, segundo a sua riqueza em glória, há de suprir, em Cristo Jesus, cada uma de vossas necessidades" (Filipenses 4:19). Que Deus maravilhoso nós temos! Ele vai suprir todas as nossas necessidades, não *fazendo uso* da riqueza de nosso Salvador, mas sim *segundo* a sua riqueza. Você percebe a diferença? Você e eu temos de louvar muito a Deus por sentir sua gloriosa provisão, minuto após minuto, dia após dia, por toda a eternidade.

Medite sobre a presença de Deus – Enquanto meditava sobre a presença de Deus, Davi expressou sua admiração com estas palavras: "Para onde me ausentarei do teu Espírito? Para onde fugirei da tua face?" (Salmos 139:7). Quase podemos ver pontos de exclamação após estas duas frases. As respostas às perguntas retóricas de Davi são um óbvio "Para nenhum lugar!". Pense nisto: não importa aonde você vá – Deus está lá. Não importa o que esteja acontecendo quando você chegar ali – Deus está lá.

É reconfortante saber que Deus está com você em todos os lugares. É reconfortante, também, saber que Deus está com sua família em todos os momentos. Você louva ao Senhor e lhe agradece sua presença constante? Davi compreendeu a realidade da presença de Deus e praticou-a quando declarou: "O Senhor, tenho-o sempre à minha presença; estando ele à minha direita, não serei abalado" (Salmos 16:8). Quando meditamos sobre a presença de Deus, adquirimos confiança nele... e o louvamos.

Exalte a proteção de Deus – O rei Saul, antecessor de Davi no trono de Israel (e também seu sogro!), tentou repetidas vezes assassinar Davi. Por isso, durante grande parte do início de sua vida adulta, Davi precisou ter muita cautela e até mesmo fugir da cidade por causa dessas ameaças de morte. Mesmo sob circunstâncias adversas, Davi escreveu este versículo tão conhecido: "Ainda que eu ande pelo vale da sombra da morte, não temerei mal nenhum, porque tu estás comigo" (Salmos 23:4). Que paz sentimos quando compreendemos que estamos debaixo da mão protetora de Deus! Na próxima vez que você sentir medo, busque a presença de Deus e "não tema mal nenhum", porque Ele está com você. Isso é mesmo digno de louvor!

Amigo, você e eu somos tremendamente abençoados quando buscamos a presença de Deus dessas maneiras. Todas as pessoas com quem temos contato também recebem essas bênçãos. Elas são influenciadas por nossos corações que louvam ao Senhor. Esse espírito de louvor positivo, centrado em Deus, faz com que as outras pessoas também queiram sentir o mesmo que nós. Que tal você pôr em prática, apenas hoje, Salmos 34:1: "o seu louvor estará sempre nos meus lábios"? Creio que você notará diferença em sua atitude em relação ao dia de hoje. E sei que outras pessoas, por consequência, terão uma atitude diferente em relação a você e a Deus.

Um coração que adora a Deus

Até agora falamos do lado *pessoal* da adoração ao descrever as marcas de um homem segundo o coração de Deus. O homem de Deus é marcado por oração, louvor e adoração pessoal. Enquanto lê, memoriza a Palavra de Deus e medita sobre ela, tal homem adquire uma enorme reserva de força que, no decorrer do tempo, resulta em adoração e em orações de gratidão ao seu Deus.

Mas há outro aspecto da adoração: o lado *público*. Desde os tempos da igreja primitiva, os crentes têm-se reunido para adorar a Deus por meio de cânticos, de estudo da Palavra e de celebração da ressurreição do Senhor. O dia em que os crentes da igreja primitiva se reuniam era chamado de "primeiro dia da semana" ou "dia do Senhor" (Atos 20:7; Apocalipse 1:10).

Nos calendários, o domingo é o primeiro dia da semana. Para, os cristãos, existem vários motivos para que o domingo seja um dia importante. Ouça o que o meu amigo e escritor, Dr. Richard Mayhue, professor no Curso de Mestrado do Seminário, diz. Ele acredita que existem boas razões para que nós, homens segundo o coração de Deus, participemos em conjunto do culto de adoração.

- O culto de adoração proporciona a única oportunidade durante a semana para que o rebanho inteiro ouça o que diz o coração, a mente e a voz do Supremo Pastor.
- É o único dia da semana em que o rebanho de Deus une seus corações para adorar ao Senhor.

- É a única ocasião da semana em que o rebanho une suas vozes para louvar ao Senhor.
- É a única ocasião da semana para juntarmos as mãos numa entrega sacrifical ao Senhor.
- É a única oportunidade da semana em que a congregação (composta tanto de jovens como de adultos) pode compartilhar experiências.
- É a única ocasião da semana em que a congregação fica em posição de encorajar e de estimular uns aos outros ao amor e às boas obras, de acordo com Hebreus 10:24-25:[13]

Você e eu – como homens que aspiramos à santidade – devemos nos sentir incentivados a ir à igreja, da mesma forma que Davi quando visitava a casa de Deus. Ouça mais uma vez como Davi, um homem cujo coração adorava ao Senhor, expressou seu anseio por estar na casa de Deus. Nós também devemos ter esse mesmo anseio:

> Eu amo, Senhor, a habitação de tua casa, e o lugar onde tua glória assiste (Salmos 26:8).
>
> Uma coisa peço ao Senhor, e a buscarei: que eu possa morar na Casa do Senhor todos os dias da minha vida, para contemplar a beleza do Senhor e meditar no seu templo (Salmos 27:4).

Sua família é outro motivo (e, eu acrescento, importante) para que você frequente a igreja. Sua esposa e seus filhos necessitam de incentivo espiritual tanto quanto você! Portanto, você deve assumir a liderança nessa área vital. Frequentar a igreja não é responsabilidade de sua esposa. É *sua* responsabilidade, como marido e pai e como líder espiritual de sua família, conforme Deus ordenou. Deus diz que *você* é responsável por suprir as necessidades espirituais de sua família, e frequentar a igreja é parte importante dessa missão.

Na verdade, o culto dominical deve ser o ponto alto de sua semana. Você e sua família devem aguardar o domingo com entusiasmo e usar os dias da semana preparando-se para adorar ao Senhor em companhia de seu povo, na casa de Deus.

Um coração que serve

Alguns meses atrás, eu jantei com um homem que foi diácono em sua igreja. Ele me falou, com grande entusiasmo, do quanto gostava de ser útil aos crentes que também pertenciam àquela congregação. Seu entusiasmo era tão grande que ele gesticulava muito enquanto falava. Com isso, eu fiquei um pouco constrangido, porque o restaurante estava lotado. Nada, porém, foi capaz de conter a euforia daquele homem, enquanto ele me falava de sua paixão por servir a Deus. Ele sempre procurava oportunidades durante a semana para atender às necessidades dos crentes da sua igreja e aguardava ansiosamente o domingo para ir ao templo e continuar seu ministério de servir aos outros. À primeira vista, o zelo daquele homem em ser útil pode parecer exagerado. Mas, na verdade, ele estava demonstrando outra marca de um homem segundo o coração de Deus – um coração que anseia por servir.

Como seres humanos, nossa tendência natural (e egoísta) é cuidar de nossas necessidades em primeiro lugar. Queremos ter certeza de que existe tempo suficiente para as coisas que gostamos de fazer. E, se sobrar tempo ou energia, dispomos – nos a usá-los para servir a outras pessoas.

Mas, como homens segundo o coração de Deus, você e eu precisamos resistir a essas tendências egoístas e nos esforçar para ser servos. Na Bíblia, vemos muitas figuras de destaque no Antigo Testamento descritas como servos. Deus chamou Abraão de seu servo (Gênesis 26:24). Josué foi chamado de "servo do Senhor" por ocasião de sua morte (Josué 24:29). E Davi também foi chamado de "meu servo" por Deus (2Samuel 7:5). No Novo Testamento, vemos que homens piedosos foram escolhidos pela igreja de Jerusalém para atender às necessidades materiais das viúvas (Atos 6:1-6). E o apóstolo Paulo referiu-se a si mesmo como servo de Deus (Romanos 1:1).

O Senhor Jesus Cristo é, naturalmente, nosso exemplo supremo. Ele é o nosso modelo daquilo que significa ser um servo. Jesus disse o seguinte a respeito de si mesmo: "o Filho do homem, que não veio para *ser servido*, mas para *servir*" (Mateus 20:28, grifo meu).

Leia os versículos sobre Jesus que são citados a seguir e pense nas mudanças que você necessita fazer em sua vida para que, como Jesus, possa assumir melhor a função de servo. Ao cultivar um coração de servo, você descobrirá que deseja amar e servir sua família, sua igreja e outras pessoas. Alterei a disposição destes versículos (Filipenses 2:3-8) para que os vários elementos do coração de um servo se tornem mais evidentes:

> Nada façais por partidarismo ou vanglória, mas por humildade, considerando cada um os outros superiores a si mesmo.
>
> Não tenha cada um em vista o que é propriamente seu, senão também cada qual o que é dos outros.
>
> Tende em vós o mesmo sentimento que houve também em Cristo Jesus,
>
> > pois ele, subsistindo em forma de Deus, não julgou como usurpação o ser igual a Deus;
> >
> > antes, a si mesmo se esvaziou, assumindo a forma de servo,
> > tornando-se em semelhança de homens; e, reconhecido em figura humana,

a si mesmo se humilhou, tornando-se obediente até à morte e morte de cruz.

Ao longo dos dois últimos capítulos, analisamos cinco marcas de um homem segundo o coração de Deus. Existem outras marcas, mas estas são as principais: obediência, oração, louvor, adoração e serviço. Quero que nos concentremos nessas cinco marcas em particular, porque nosso objetivo nos próximos capítulos será ver como essas marcas são "irradiadas" na vida cotidiana... à medida que começarmos a pôr em prática as prioridades que Deus estabeleceu para o homem segundo o seu coração. Com isso em mente, você não gostaria de ter um breve momento de oração comigo?

Senhor, meu desejo sincero é que outros homens olhem para minha vida e vejam a vida de Jesus brilhando através de mim. Trabalha em minha vida e faze-me um de teus homens "marcados". E, quando outras pessoas virem essas marcas, que elas sintam o desejo de ter uma vida piedosa e queiram seguir-te também. Oro para que eu...

... obedeça à tua Palavra sem questionar,
... ore sem cessar,
... te louve constantemente,
... te adore continuamente,
... e sirva aos outros incondicionalmente.

Parte 2

A busca das prioridades de Deus

Marido, você que busca obedecer a Deus, ore para que Ele desenvolva, em seu coração, o amor de que a Bíblia fala. Procure encontrar meios de demonstrar esse tipo de amor à sua esposa e, muito provavelmente, ela reagirá com grande entusiasmo.[14]

– Stuart Scott

6

Um coração que ama a esposa
Parte 1

Maridos, amai vossa mulher, como também Cristo amou a Igreja e a si mesmo se entregou por ela.
– Efésios 5:25

Como ministro do evangelho, realizei muitos casamentos, ao longo de décadas, inclusive os de minhas duas filhas. Recentemente, fui convidado por um ex-aluno do Curso de Mestrado do Seminário para realizar a cerimônia de seu casamento. É sempre um privilégio e uma honra participar do casamento de qualquer pessoa, mas, nesse caso, o pedido foi especialmente empolgante por vários motivos.

Primeiro, porque Brian participa de trabalhos com jovens e atua como missionário desde quando cursava o ensino médio. Então, ele não teve muito tempo para namorar. Quando ficou noivo de Anita, ele estava entrando na casa dos 30 anos! Em segundo lugar, porque, atualmente, Brian é pastor de uma igreja maravilhosa na longínqua África do Sul. Eu visitei a África do Sul em anos passados, quando realizei conferências sobre liderança. Mas minhas visitas sempre foram feitas quando era verão na América do Norte, o que significa que, então, na África do Sul, era inverno. Mesmo no "inverno", a África do Sul é um dos mais belos países que já visitei. Para minha sorte, o casamento de Brian e Anita foi marcado para novembro, o que significava que aquela seria minha primeira visita "de verão" à África do Sul. Nessa viagem, tive a oportunidade de levar minha esposa, Elizabeth, para conhecer aquele belo país.

A cerimônia de casamento foi realizada em uma linda capela nos arredores de Johannesburg. As flores de verão continuavam viçosas, e a temperatura era amena, porque estávamos a 1:500 metros acima do nível do mar. Os noivos apresentaram-se diante de mim com trajes tradicionais de casamento. Naquela oportunidade, eu falei a todos sobre a natureza do amor cristão.

Pelo fato de estar escrevendo este livro durante os meses em que Brian e eu planejávamos qual seria a minha parte na sua cerimônia de casamento, tive a oportunidade de refletir sobre o verdadeiro significado do amor que o marido deve dedicar à sua esposa. Enquanto pensava nas promessas que aquele querido casal faria um ao outro, eu me lembrei das promessas que fiz há mais de 36 anos.

Lembre-se de seu casamento

Para ser franco, eu não me lembro muito do que aconteceu e do que foi dito na cerimônia do meu casamento – tudo parece obscuro em minha mente. Lembro-me, no entanto, de ter entrado na igreja pela porta lateral, em companhia do pastor e de meu padrinho. Lá estava eu, diante de todas aquelas pessoas, aguardando a chegada da noiva... com o rosto vermelho como uma beterraba! Não, eu não estava constrangido nem havia sido picado por abelhas! Eu estava queimado do sol por ter esquiado o dia inteiro na água com meus companheiros! A cerimônia começou às 20 horas e deve ter sido extremamente curta, porque nas fotografias tiradas após o casamento meu relógio marcava 20 horas e 20 minutos!

Agora você é quem vai ficar na berlinda. Como foi o seu casamento? Nos meses ou anos após aquele dia, você tem pensado nas promessas que fez à sua esposa? Qual foi a última vez que você pensou nas promessas e nos compromissos assumidos? Ou será que você é igual a mim e não se lembra de nada? Se você for como a maioria dos homens, tenho certeza de que a última vez que pensou na sua cerimônia de casamento foi no próprio dia de seu casamento.

Considero uma ironia essa nossa tendência de esquecer os votos feitos no dia do casamento, porque aquela é uma das ocasiões mais importantes de nossa vida. O que dizemos na cerimônia tem influência para o resto de nossa vida. Naquele dia, prometemos amar nossas esposas "na doença e na saúde, na riqueza e na pobreza, até que a morte nos separe". (Eu consegui memorizar essas promessas depois de ter realizado um grande número de casamentos!) Os votos são feitos diante de uma igreja repleta de testemunhas e, o mais importante de tudo, diante de Deus.

Tenho certeza de seus votos de casamento não consistiram de palavras vãs. Você os fez com sinceridade à sua esposa naquele dia. Mas as coisas nem sempre acontecem como nós imaginamos. A maioria dos casamentos, inclusive o meu – e tenho certeza de que o seu também –, passa por "solavancos" ao longo do caminho. Espero que já tenhamos atravessado esse terreno acidentado e que estejamos agora rodando em terreno plano.

A questão, no entanto, não é o passado. O passado já era. Devemos deixar o passado para trás e seguir em frente. O apóstolo Paulo disse: "uma coisa faço: esquecendo-me das coisas que para trás ficam e avançando para as que diante de mim estão, prossigo para o alvo" (Filipenses 3:13-14). Devemos prosseguir. Sim, podemos e devemos aprender com o passado. Porém, o mais importante para nós é pensar no que podemos fazer *hoje* e em *cada dia* daqui em diante para cumprirmos as promessas feitas à nossa esposa – não importa se essas promessas foram feitas ontem, na semana passada, no ano passado ou, como no meu caso, há 36 anos.

O que as nossas promessas de casamento significam para nós hoje? E o que significa amar nossa esposa?

Ame sua esposa

Você deve ter ouvido a história do casal que começou a ter problemas conjugais depois de 15 anos de casamento e que recorreu a um conselheiro. No meio da sessão, a mulher queixou-se ao conselheiro:

– Ele nunca mais disse que me ama.

Com uma expressão de surpresa no rosto, o homem retrucou:

– Eu disse que a amava quando nos casamos, e isso vale até hoje.

Ele passou muito tempo sem dizer que amava a esposa (mas, pelo menos, lembrou-se de uma das promessas feitas no casamento!).

Tenho certeza de que você jamais seria tão insensível quanto esse homem a ponto de não expressar verbalmente o amor que sente por sua esposa. Ao mesmo tempo, é sempre bom lembrarmos da natureza do verdadeiro amor bíblico e de como ele é manifestado. É por isso que somos exortados a expressar diariamente esse tipo de amor ao nosso cônjuge. Para refrescar nossa memória, vamos recorrer ao livro de Efésios.

Olhe para o supremo exemplo de amor

No capítulo anterior, citei a descrição que Paulo fez de Jesus Cristo como o exemplo perfeito de um servo que está pronto a se sacrificar (Filipenses 2:3-8). Aprendemos que Cristo serviu aos outros até o ponto de morrer. E Jesus também é nosso supremo exemplo quando se trata de amor. Em Efésios 5:22-33, Paulo destaca cinco maneiras pelas quais Jesus demonstra seu amor por aqueles que compõem sua igreja. E, amigo, você e eu devemos amar nossas esposas da mesma maneira como Jesus amou a igreja. Leia Efésios 5:22-33 e veja o que podemos aprender com o exemplo de Jesus.

As características do amor de Cristo

1. *O amor de Cristo é um amor sacrifical* – "Cristo amou a igreja, e a si mesmo se entregou por ela" (v. 25). Paulo também falou desse sacrifício pela igreja, em Atos 20:28, quando ele lembra que Cristo comprou a igreja "com o seu próprio sangue". Conforme você pode ver, o amor sacrifical tem um alto preço!

O sacrifício de Jesus é o exemplo perfeito do que o amor *exige*.

2. *O amor de Cristo é um amor purificador* – Com relação à igreja, o objetivo de Cristo era santificá-la: "tendo-a purificado por meio da lavagem de água pela palavra, para a apresentar a si mesmo igreja gloriosa, sem mácula, nem ruga, nem coisa semelhante, porém santa e sem defeito" (v. 26-27). O amor de Jesus pela igreja aspira a que ela seja pura e revestida de santidade.

O amor de Jesus é o exemplo perfeito do que o amor *faz*.

3. *O amor de Cristo é um amor zeloso* – "Assim também os maridos devem amar a sua mulher como ao próprio corpo. Quem ama a esposa a si mesmo se ama. Porque ninguém jamais odiou a própria carne; antes, a alimenta e dela cuida, como também Cristo o faz com a igreja" (v. 28-29). Da mesma forma que o homem se preocupa com o bem-estar de seu corpo, Jesus se preocupa com o bem-estar do corpo dele, isto é, da igreja. Ele cuida dela com ternura como algo frágil, precioso, muito especial.

O amor de Jesus é o exemplo perfeito do que o amor *desenvolve*.

4. *O amor de Cristo é um amor duradouro* – Paulo cita estas palavras do Antigo Testamento, proferidas com frequência nos casamentos: "Eis por que deixará o homem a seu pai e a sua mãe e se unirá à sua mulher, e se tornarão os dois uma só carne" (v. 31). Ao comentar sobre este ensinamento, Paulo explica: "Grande é este mistério, mas eu me refiro a Cristo e à igreja" (v. 32). Paulo está nos dizendo que nossa união com nossa esposa deve ser tão duradoura quanto a união de Cristo com sua igreja. Seu amor é eterno... independentemente de como agimos. O amor de Jesus é permanente e incondicional.

O amor de Jesus é o exemplo perfeito do amor *dedicado*.

5. *O amor de Cristo é um amor ativo* – Essa afirmação resume tudo o que aprendemos sobre o amor bíblico, conforme exemplificado por Jesus. Talvez nos sirva como uma declaração sumária. O amor de Jesus é o exemplo perfeito de amor *demonstrado*.

O verdadeiro amor bíblico é sacrifical, purificador, zeloso e duradouro. Isso, meu amigo, é o que significa amar sua esposa! Como marido cristão, seu amor tem de ir muito além e ser muito mais profundo do que as simples palavras e expressões verbais de amor. A palavra traduzida como "amar", no capítulo 5 de Efésios, foi pouco, ou talvez nunca, utilizada nos escritos antigos, com exceção da Bíblia. Trata-se de uma palavra nascida na mente e no coração de um Deus verdadeiramente amoroso, que demonstrou seu amor por nós não apenas *dizendo* que nos amava, mas *morrendo* por nós! Isso é que é amor ativo! (E, por esse motivo, você e eu devemos dobrar nossos joelhos em gratidão pelo profundo amor de Deus por nós!)

João, um discípulo de Jesus, algumas vezes chamado de o "apóstolo do amor", nos instrui sobre como demonstrar amor por meio de ações. Ele escreve: "Filhinhos, não amemos de palavra, nem de língua, mas de fato e de verdade" (1João 3:18).

Pratique o amor de Cristo

O que você pode fazer hoje para demonstrar ativamente, à sua querida esposa, um amor semelhante ao amor de Cristo? Como pode exercitar o amor de Cristo em seu casamento? Vamos tomar os elementos do amor de Jesus pela igreja, um a um, e aplicá-los ao nosso casamento.

Sacrifício – Geralmente o sacrifício envolve abrir mão de alguma coisa sua em prol de alguém – como, por exemplo, seu tempo, sua atenção ou sua energia. Quase sempre, isso significará desviar-se de seu caminho ou deixar de lado a comodidade. Um conselheiro matrimonial definiu sacrifício com estas palavras: "Sacrifício é transferir todos os seus pensamentos e ações para a pessoa amada."[15] Pensar em sua esposa talvez signifique ações maiores de sacrifício, mas você pode começar com ações menores. Quase todos nós dizemos que morreríamos por nossa esposa, mas não nos dispomos a ajudá-la a colocar o saco de lixo na rua! Portanto, vamos começar cuidando do lixo. E aqui vão outras ideias:

- Cuide das crianças no sábado, enquanto sua esposa participa de um seminário para mulheres, na igreja, ou de um retiro espiritual. (Essa é uma obrigação clara e evidente!)
- Prepare o café da manhã para as crianças, no sábado, e deixe sua esposa dormir mais um pouco.
- Tome conta das crianças uma vez por semana, à noite, enquanto sua esposa participa de um estudo bíblico em sua igreja (melhor ainda – contrate uma babá para que vocês dois possam participar do estudo... depois saiam juntos e troquem ideias sobre o estudo, enquanto tomam uma xícara de café).

Pureza – Você está se esforçando para incentivar sua esposa na busca da santidade? Efésios 5:26-27 ensina que você deve cuidar para que sua esposa seja piedosa, pura, "sem mácula, nem ruga, nem coisa semelhante, porém santa e sem defeito". Você está compreendendo a mensagem de Deus para você, amigo? *Você* deve assegurar-se de que está se esforçando para ser um exemplo piedoso para sua esposa e procurando estimulá-la na busca da pureza. Quer saber como? Uma maneira prática de conseguir isso é vigiar as atividades de lazer desenvolvidas em sua casa, inclusive os programas de TV e os filmes a que você assiste. Um homem piedoso gosta do que é bom e justo (Tito 1:8) e afasta-se do que é mau e injusto. *Você* deve ser um bom exemplo e estabelecer os mais altos padrões para você e para sua casa, e desejar o mesmo para sua esposa.

Zelo – Zelar significa "cuidar, velar, apoiar, assistir". Que tipo de encorajamento você pode transmitir hoje à sua esposa, para que ela se desenvolva espiritualmente? Que tal ajudá-la a administrar o lar? Ou ajudá-la em seu crescimento pessoal? Existem cursos nos quais ela possa desenvolver seus talentos e habilidades? Existem livros para você oferecer a ela que possam ajudá-la a concretizar seus sonhos e a satisfazer o desejo de ser uma mulher piedosa? Existe um seminário em vista em que você possa inscrevê-la? Assuma um papel ativo e ajude sua esposa a amadurecer nas diversas facetas da vida.

Tenho sempre incentivado Elizabeth a desenvolver os dons e talentos que Deus lhe deu. Às vezes, faço mais que incentivá-la – dou um empurrãozinho! Elizabeth é tímida por natureza e um pouco reservada; e eu sempre achei que ela tem muitas coisas maravilhosas para compartilhar com outras mulheres. Por isso, lhe dou um empurrão quando ela necessita disso. E esse apoio constante para que minha esposa conheça e estude a Bíblia foi responsável (graças à misericórdia de Deus) por seu desenvolvimento como professora de doutrinas bíblicas para mulheres e como escritora. (Agora, enquanto estou escrevendo este livro, é ela que está me incentivando!)

Perseverança – Como corredor, posso definitivamente dizer a você que existe uma grande diferença entre uma corrida de curta distância... e uma maratona! E o casamento, evidentemente, não é uma corrida de curta distância. É uma maratona! Você não assumiu um compromisso de 100 metros rasos para o seu casamento. Não, o compromisso é para que o seu casamento dure uma eternidade (a mesma sensação que temos quando corremos os 42 quilômetros e 212 metros de uma maratona!). Assim como um corredor de longa distância, você não pode desanimar nem distrair-se com os problemas que surgem no dia a dia da vida conjugal. E não pense que pode "pular fora" porque as coisas não são como você gostaia que fosse. A natureza permanente das promessas feitas no casamento significa que você terá de fazer algumas concessões.

Se o sentimento que você nutre por sua esposa for um amor altruísta, puro e vibrante, ela reagirá com entusiasmo – e, como consequência, sua vida conjugal será mais feliz. Aí, você passará a gostar da corrida e nunca vai querer que ela termine. (Estamos falando de um corredor vitorioso!)

Aprenda mais sobre o amor

Sei que, com este capítulo, percorremos um longo caminho discorrendo sobre o amor que devemos dedicar à nossa esposa. À primeira vista, os princípios que acabamos de aprender talvez pareçam um fardo muito pesado para carregar. Vamos ver se podemos aliviar esse fardo resumindo tudo o que foi dito em apenas duas afirmações:

> Afirmação nº1:
> *Jesus Cristo é o supremo exemplo de como amar* – Ele nos mostra a nós, homens segundo o coração de Deus, como devemos amar nossa esposa. De que maneira? Da mesma maneira que Jesus amou a

igreja e deu a sua vida por ela – com um amor sacrifical, puro, zeloso e duradouro.

Afirmação nº 2:
O amor demanda ação – Dizer à sua esposa que você a ama é importante, mas você e eu sabemos que nossas ações são mais importantes ainda. Demonstramos amor por nossa esposa por meio de *ações*, e não apenas por meio de *palavras*.

Agora, a grande pergunta é esta: quais são as ações que você e eu podemos praticar para começar a demonstrar amor à nossa esposa?

Que bom que você fez essa pergunta! No próximo capítulo, vamos analisar algumas maneiras simples, porém eficazes, de dizer: "Eu a amo." Mas, antes, leia o poema da página seguinte e pergunte a si mesmo: "Será que minha esposa escreveria estas palavras para descrever meu amor por ela?"

••••••••

Amor

Eu te amo...
não apenas pelo que tu és,
mas pelo que sou quando estou contigo.

Eu te amo...
não apenas pelo que fazes de ti mesma,
mas pelo que estás fazendo de mim.

Eu te amo...
por teres extraído de mim o melhor;

Eu te amo...
por colocares a mão em meu coração atormentado
e dele retirares todas as coisas desagradáveis,
que eu jamais consegui mover dali.
E por teres olhado dentro do meu coração
e trazido à luz
todas as coisas lindas,
que ninguém jamais encontrou ali,
porque não as procurou com amor.

Eu te amo...
porque estás ajudando
a construir dentro de mim
não uma taverna, mas um templo,
com o mesmo material de que sou feito,
sem críticas, mas com um cântico nos lábios:[16]

••••••••

Dez segredos para um casamento feliz:

Conversem um com o outro.

Digam “Eu amo você” um ao outro.

Toquem um no outro.

Incentivem um ao outro.

Tolerem um ao outro.

Confiem um no outro.

Tratem com carinho um ao outro.

Valorizem um ao outro.

Agradeçam um ao outro.

Não percam de vista um ao outro.[17]

– Kenneth Kilinski

7
Um coração que ama a esposa
Parte 2

O que acha uma esposa, acha o bem e alcançou a benevolência do Senhor.
– Provérbios 18:22

Conforme prometi no final do capítulo anterior, vamos agora analisar algumas maneiras eficazes de demonstrar amor às nossas esposas. O que você e eu podemos fazer para mostrar a elas que nosso amor não é feito apenas de palavras sem conteúdo proferidas conforme o momento? (E, se você parar e pensar um pouco, verá que as atitudes sobre as quais vamos discutir aqui são as mesmas que você assumiu para conquistar o amor de sua esposa!) Você está pronto para se lembrar do que fez no passado para demonstrar seu amor? Está pronto para aprender coisas novas? Cada uma destas orientações servirá para fortalecer seu casamento.

Seja o melhor amigo de sua esposa

Todos nós tivemos um "melhor amigo", ou até mais de um, ao longo dos anos. Eu me lembro de meus amigos mais chegados dos tempos de ginásio. Estávamos sempre juntos. Prometemos que nunca perderíamos contato, mas... ao longo do tempo... nossa amizade definhou... e morreu. Evidentemente, amigos e amizades devem ser cultivados para que permaneçam vivos. A ausência *não* mantém necessariamente acesa a chama da amizade!

Mas vamos voltar aos seus tempos de namoro com sua esposa. Você se esforçava para ser o melhor amigo dela? Eu sei que sim! Provavelmente, sentia ciúmes quando ela passava mais tempo com outra pessoa do que com você. Você gostava de estar em sua companhia e até apreciava quando vocês faziam alguma loucura juntos? Elizabeth e eu também éramos assim – fomos grandes amigos nos tempos de namoro.

Durante o namoro, parece que a alegria que sentimos quando estamos juntos jamais terminará. Mas depois do casamento, por um motivo ou outro, essa sensação tende a desaparecer, não é mesmo? O que aconteceu? Esta é a fórmula básica que pode ser aplicada à maioria de nós:

tempo + convivência + preocupações + obrigações
= interesse diminuído

Em outras palavras, as exigências e as preocupações da vida diária infiltram-se naquela linda amizade e começam a corroer o relacionamento.

Como você pode reconquistar a amizade que tinha com sua esposa nos tempos de namoro? Reflita sobre aquela época. O que você fazia para manter vivo o relacionamento com sua futura esposa? Pare um pouco e faça uma lista. Depois, assuma o compromisso de voltar a fazer as mesmas coisas que os ajudaram a se tornarem bons amigos. Afinal, depois da amizade que você tem com Deus, a amizade com sua esposa é o maior tesouro que você possui.

Passem algum tempo juntos

Quando você namorava sua futura esposa, quanto tempo por dia gostava de ficar com ela? Se você era igual a mim (e tenho certeza de que era), queria ficar com ela o tempo todo. Você ainda sente o mesmo hoje? Se os sentimentos não são os mesmos, o que aconteceu no decorrer dos anos? Será que você ficou tão acostumado com sua esposa a ponto de considerar que ela será sempre sua? Será que você prefere jogar futebol com os amigos? Sair para pescar? Jogar golfe? Ou trabalhar após o expediente normal? (Aviso: Não responda a estas perguntas!)

É provável que, por causa das obrigações diárias, vocês não possam ficar muito tempo juntos. Mas é importante que passem cerca de uma hora juntos, de manhã, antes que você – e talvez sua esposa também – saia para trabalhar. À noite, é provável que vocês tenham apenas duas ou três horas para ficarem juntos antes de desabarem na cama após um dia exaustivo.

Durante essas poucas horas – uma de manhã e duas ou três à noite –, quanto tempo vocês ficam realmente a sós, juntos, apenas os dois? Depois de tantas obrigações a serem cumpridas – cozinhar, jantar, lavar a louça, passar algum tempo brincando com as crianças ou ajudando-as nos deveres escolares, dar banho nelas e levá-las para a cama –, talvez sobrem apenas alguns minutos para você e sua esposa ficarem a sós.

Agora, se você *tem* apenas alguns minutos para dedicar-se exclusivamente à sua esposa e prefere gastá-los de outra maneira, saiba que está fazendo uma triste declaração (...e cometendo um erro). Você está dizendo à sua esposa: "Alguém ou alguma coisa é mais importante para mim do que passar esses poucos minutos com você."

Sei que você ama sua esposa. E sei que está se esforçando para amá-la como Cristo amou a igreja. Deus lhe deu um lindo e valioso presente. É o que a Bíblia diz: "O que acha uma esposa acha o bem e alcançou a benevolência do Senhor" (Provérbios 18:22). Amigo, se você encontrou uma boa esposa, encontrou um tesouro! Essa mulher é o símbolo da misericórdia do Senhor por você. Eu só estou lhe pedindo que se sente diariamente ao lado de sua esposa – o presente que Deus lhe deu – por alguns minutos depois do trabalho e faça algumas perguntas sobre as coisas que ela realizou durante o dia. Você ficará agradavelmente surpreendido com o resultado! (E ela também!)

Saiam juntos

Você diz que ama sua esposa. Está começando a provar isso quando passa alguns minutos a sós com ela todos os dias. Por que não fazer um pouco mais e planejar algumas horas por semana para que só vocês dois saiam juntos como nos tempos de namoro? Que tal um jantar a dois? Um passeio de carro? Algo que vocês dois apreciem? Algo que ela aprecie... talvez fazer compras (o quê!?). Não leve em consideração as ocasiões em que vocês recebem convites de outras pessoas para sair ou as vezes que atuam como "guias de turismo". Também não permita que crianças, negócios, um convidado ou qualquer outra coisa lhe roube a oportunidade de mostrar à sua esposa que você ainda a ama e anseia ficar a sós com ela.

Imagine o que um simples passeio por semana (e não precisa ser nada em que vocês gastem muito dinheiro) pode significar para fortalecer um casamento. Em 15 anos, isso significaria 780 passeios com sua esposa, 780 vezes que vocês ficaram a sós, sem serem interrompidos, 780 vezes que você demonstrou amor à sua esposa. Você não acha que essas ocasiões especiais fariam uma grande diferença em seu casamento?

Para Elizabeth e para mim fizeram. O passeio não precisa ser num lugar de luxo e nem ser dispendioso. Durante anos, fizemos o seguinte: contratávamos uma babá por exatamente duas horas por semana, íamos a pé até um restaurante do tipo *fast-food* e passávamos aquelas duas horas a sós, conversando, compartilhando sonhos, trocando ideias e apreciando a companhia um do outro, enquanto consumíamos duas intermináveis xícaras de café... por 89 centavos!

Recentemente, por ocasião de uma conferência para pastores realizada em minha ex-igreja, um pastor da costa oeste quis ter um encontro comigo. Mas enfrentamos um problema – a única noite livre de minha agenda coincidia exatamente com a noite em que ele se comprometeu a cuidar dos filhos da família que o hospedava para que o casal pudesse sair a sós como costumava fazer semanalmente. Fiquei muito impressionado, porque tanto o casal como o pastor – um hóspede – reconheceram a importância de "um passeio a sós". Não, nós não nos encontramos... e estou certo de que algo muito maior aconteceu no casamento daquele casal.

Amigo, não espere mais uma semana. Planeje um passeio para esta semana. Repito, você ficará agradavelmente surpreso com o resultado!

Concentre-se nela

A mente é uma coisa espantosa. Ela pode realizar *milhares* de funções ao mesmo tempo. Às vezes, isso é bom; às vezes, mau. Por exemplo, quando sua mente está voltada para outra pessoa ou outra coisa enquanto sua esposa está conversando com você... isso é mau! Lá está você, olhando firme para sua esposa, enquanto ela lhe conta o que se passa em seu coração; mas você está pensando em outra pessoa ou em outra coisa, a quilômetros de distância.

Mais espantosa que a capacidade de divagação da mente é o fato de que sua esposa sabe que você não está prestando atenção ao que ela está dizendo! Como sua esposa sabe disso?! Nós, homens, nos consideramos muito espertos. Fazemos um movimento afirmativo com a cabeça quando achamos que é o momento certo. Chegamos até a resmungar palavras de aprovação quando percebemos que ela fez uma pausa na conversa. E, mesmo assim, nossas esposas percebem que nossos pensamentos estão em outro lugar!

Quando você estiver ao lado de sua esposa, principalmente se for a sós, a atitude mais amorosa a ser tomada é concentrar toda a sua atenção nela e estar presente, tanto física como mentalmente. Isso exigirá um pouco de concentração e de esforço de sua parte. Eu necessitei de treinamento para conseguir esse tipo de concentração. Como vendedor, tive de aprender a me concentrar na pessoa para quem eu tentava vender alguma coisa. E sua esposa é muito mais importante do que "realizar uma venda"! Treine para dar toda a atenção à sua esposa quando estiver com ela. Os resultados serão muito melhores do que qualquer vendedor possa imaginar!

Seja um bom ouvinte

Nós estamos nos lembrando de muitas coisas, não é verdade? Bem, vamos nos lembrar de mais algumas. Retroceda (mais uma vez) ao tempo em que sua esposa era sua namorada. Você absorvia cada palavra que ela dizia. Era um ouvinte extraordinário! Por quê? Porque você queria impressioná-la. Queria que ela o considerasse o melhor homem do mundo. O que mudou, então? Você não continua a querer que ela o considere o melhor homem do mundo? Transforme em oportunidades preciosas os momentos em que vocês estão juntos e ouça com atenção o que ela diz. Sua esposa aprecia isso muito mais do que você pensa! E seja mais atento ainda depois de ter se esforçado tanto para vocês saírem juntos.

Saber comunicar-se com sua esposa é muito importante. Alguém disse que: "O ponto central do casamento está no sistema de comunicação. Pode-se dizer que o sucesso e a felicidade de qualquer casal são medidos em termos da intensidade do diálogo que caracteriza a união dos dois."[18]

Tenho que admitir que a arte de ouvir não é a que melhor desempenho no papel de marido! Eu já me desculpei muitas vezes desta maneira: "Tenho tantas responsabilidades, tantas obrigações, tantas pressões que não tenho tempo de ouvir." (Estou certo de que você também tem uma série de desculpas.) Tenho me esforçado, realmente, para me tornar um melhor ouvinte. No decorrer dos anos, aprendi algumas coisas sobre a arte de ouvir – coisas que gostaria de compartilhar com você agora. Estas sugestões têm sido úteis para mim, e talvez você queira pensar em fazer uso delas para se tornar um melhor ouvinte:

- Entenda que ouvir é um ato de amor. Quando você está ouvindo, está dizendo: "Eu a valorizo como minha esposa, e quero ouvir o que você tem a me dizer."

- Retire mentalmente o seu chapéu de trabalho e o substitua pelo chapéu de marido, todos os dias, no caminho de volta para casa. Pense em perguntas específicas que você poderia fazer à sua esposa sobre como transcorreu o dia para ela. Essas perguntas mentais servem para prepará-lo para atravessar a porta de sua casa e concentrar-se em sua esposa (e também em sua família).
- Deixe a maleta de trabalho no escritório. (Ou, pelo menos, deixe-a no carro por um pouco de tempo!) O simples ato de deixar o trabalho para trás o ajudará a concentrar-se em sua esposa.
- Faça disso uma prioridade. Quando chegar à sua casa, passe alguns minutos procurando saber de sua esposa como foi o dia para ela. E, se vocês puderem ficar a sós tomando uma xícara de café ou um refrigerante, melhor ainda!
- Pare o que estiver fazendo quando sua esposa lhe dirigir a palavra. Olhe dentro dos olhos dela e ouça com atenção o que ela está dizendo. Não é isso o que você faz quando está com outra pessoa? Então, por que não fazer o mesmo com sua doce esposa?
- Faça perguntas enquanto ela fala. Isso o ajudará a acompanhar o que ela está dizendo.
- Pense no quanto se sente aborrecido quando alguém não presta atenção ao que *você* diz. É assim que sua *esposa* se sente quando você não lhe dá atenção.

Renove suas promessas

Neste capítulo, estamos falando do amor que expressamos à nossa esposa por meio de ações. Eu já apresentei quatro passos para que você demonstre seu amor. Antes de concluir, gostaria de compartilhar com você uma maneira muito significativa de demonstrar amor à sua esposa.

Sente-se ao lado dela, em um lugar sossegado, talvez em um de seus próximos passeios noturnos, quando vocês dois estiverem a sós. Olhe no fundo dos olhos dela e reafirme as promessas que lhe fez no seu casamento. Se preferir, copie as palavras a seguir e leia-as para sua eterna namorada:

> Eu (diga seu nome), recebo a ti (diga o nome
> de sua esposa)
> como minha legítima esposa;
> e prometo diante de Deus
> amar-te e ser fiel a ti,
> na riqueza e na pobreza,
> na alegria e na tristeza,
> na saúde e na doença,
> até que a morte nos separe.

P.S.: Para um toque mais romântico, peça à sua esposa que lhe dê a sua aliança. Enquanto você renova seus votos, coloque novamente a aliança no dedo dela. Você poderá complementar com estas palavras:

> Esta aliança que te ofereço
> é o símbolo e a promessa
> de nossa fé constante
> e de nosso amor eterno.

Todas as ideias e sugestões deste capítulo têm o objetivo de ajudá-lo a expressar o amor que você sente por sua esposa. Falamos de tudo o que você pode dizer a ela... das mais variadas maneiras possíveis. Diga-lhe que a valoriza como amiga. Diga-lhe o quanto preza o tempo que passa com ela. Diga-lhe que deseja sair com ela. Diga-lhe que gosta de estar na companhia dela. Diga-lhe que está disposto a renovar o compromisso de amá-la a vida inteira. Diga-lhe que, pela misericórdia de Deus, você pretende manter-se fiel àquelas promessas, uma a uma, pelo resto de seus dias, "até que a morte os separe". Diga-lhe que a ama e escolha as mais variadas maneiras de fazer isso.

Talvez o poema da página seguinte possa incentivá-lo a "dizer isso a ela"... e lhe dizer agora... muitas vezes mais!

••••••••

Diga isso a ela

Em meio às preocupações da vida de casado,
A despeito das dificuldades e do trabalho pesado,
Se você preza a doce esposa a seu lado,
Diga isso a ela!

Você considerava uma bênção receber
O favor de um beijo de seu bem-querer.
Uma dúzia de beijos, agora... que bom vai ser!
Diga isso a ela!

Não aja como se a beleza dela tivesse acabado,
Como se agradá-la fosse pecado.
Demonstre sempre o quanto a tem amado.
Diga isso a ela!

Só a ela você deve pertencer
Assim como só sua ela deve ser
Não espere para na lápide escrever –
Diga isso a ela!

Nunca deixe seu amor esfriar;
Pois ricas bênçãos ainda irão desfrutar.
É preciosa como ouro e cada dia mais bela.
Diga isso a ela![19]

••••••••

A família cristã está sob o ataque das forças malignas. Os casamentos cristãos desmoronam em índices alarmantes. Os filhos de lares cristãos não estão recebendo de seus pais a educação e o exemplo adequados. E, a meu ver, o principal responsável por esse trágico quadro é o marido e pai, que não está assumindo a função que Deus lhe entregou como líder espiritual.

– Jim George

8
Um coração que lidera a esposa

Ambos eram justos diante de Deus, vivendo irrepreensivelmente em todos os preceitos e mandamentos do Senhor.
– Lucas 1:6

Quando Elizabeth e eu tivemos a oportunidade de viajar pelo país, atendendo a convites para a apresentação de palestras, uma das mais constantes reclamações que ouvimos de mulheres que nos assistiam foi a de que os maridos demonstravam pouco ou nenhum interesse em assumir o papel de líderes espirituais da família. Aquelas esposas mostravam-se preocupadas, porque não queriam desempenhar esse papel que, biblicamente, é tarefa do marido. Elas temiam que eles se sentissem espiritualmente menos maduros do que elas e que, por isso, não tentassem recuperar o tempo perdido sem desenvolver sua vida espiritual. Por seu lado, também, aquelas esposas relutavam para se esforçar a fim de crescer mais espiritualmente. É exatamente isso que acontece quando o marido não exerce o papel de líder espiritual: o bem-estar espiritual do restante da família fica prejudicado.

Encontramos o inimigo...

As tiras cômicas publicadas nos jornais são a minha fonte favorita de ilustrações para meus sermões e seminários de liderança... e Pogo [personagem em forma de animal falante e com feições humanas] é um de meus personagens prediletos. Tenho guardada uma tira na qual Pogo está em pé, em cima de uma rocha, tendo na cabeça um chapéu de papel semelhante ao de George Washington e empunhando uma pequena espada de madeira. Ele está apontando a espada em direção ao céu e declara: "Encontramos o inimigo... e o inimigo somos nós!"

Bem, meu amigo, quando se trata da condição da família cristã moderna, nós, os homens, geralmente somos nosso pior inimigo. Por que eu digo isso? Porque a família cristã está sob o ataque das forças malignas. Os casamentos cristãos desmoronam em índices alarmantes. Os filhos de lares cristãos não estão recebendo de seus pais a educação e o exemplo adequados. E, a meu ver, o principal responsável por esse trágico quando é o marido e pai, que não está assumindo a função que Deus lhe entregou como líder espiritual.

Mas nunca é tarde demais para mudar. Você e eu podemos começar a reverter esse desmoronamento da família cristã. Para tanto, é necessário um homem disposto a pagar o preço e a permitir que Deus assuma o controle de seu coração egoísta, desejoso de se tornar um homem segundo o coração de Deus, alguém que talvez não cause impacto no mundo, mas que, certamente, impactará sua família. E é isso que realmente importa!

Minha oração é que você seja um homem assim e que este livro o ajude a nutrir o desejo de se tornar o líder espiritual que sua esposa almeja ver em seu lar. (Esse também continua a ser o alvo que tenho para minha vida, porque ainda estou desenvolvendo minha função de líder espiritual.) Você está pronto para enfrentar o desafio? Eu imagino que sim, ou você não teria chegado até este ponto na leitura deste livro.

Independe de sua vontade: se você é casado, Deus colocou sobre seus ombros, como marido e pai, a responsabilidade de cuidar da saúde espiritual de sua família. Por meio de seu crescimento – ou falta dele – rumo à maturidade espiritual, você regula o desenvolvimento de sua esposa e de seus filhos. Essa é uma declaração assustadora, não? E mais assustador ainda é o fato de que Deus nos responsabiliza, a você e a mim – como maridos e pais – pelo cuidado da saúde espiritual de nossas famílias.

Agora, o que significa exatamente assumir uma função mais ativa de liderança no casamento e na família?

Incentive o crescimento espiritual de sua esposa

A maneira mais significativa de incentivar o crescimento espiritual de sua esposa é crescer espiritualmente. Conforme eu disse, você estabelece o ritmo do crescimento espiritual de sua esposa e de seus filhos.

Em alguns casamentos, a esposa espera que o marido assuma a função de líder espiritual, antes que ela comece a crescer sozinha. Em outros casos, a esposa retarda o seu crescimento espiritual aguardando que o marido a incentive. Em ambos os casos, a esposa retarda seu crescimento espiritual por causa das ações do marido. (Será que um desses casos descreve a frustração de sua esposa?) Amigo, isso precisa ser modificado, se você deseja incentivar o crescimento espiritual de sua esposa!

Certa manhã, enquanto lia minha Bíblia, eu me deparei com uma passagem que desafiou meu crescimento espiritual:

> Nos dias de Herodes, rei da Judeia, houve um sacerdote chamado Zacarias, do turno de Abias. Sua mulher era das filhas de Arão e se chamava Isabel. *Ambos eram justos diante de Deus, vivendo irrepreensivelmente em todos os preceitos e mandamentos do Senhor* (Lucas 1:5-6, grifo meu).

Esses dois personagens bíblicos – Zacarias e Isabel – estavam prestes a se tornar pais de João Batista, o precursor do Messias, Jesus Cristo. Deus escolheu um casal especial para ser pais de uma criança especial, que teria uma missão especial. Enquanto lia aquela passagem, notei imediatamente uma aplicação para mim: Deus está pedindo que *nós dois* – minha esposa e eu – cresçamos espiritualmente. Para que exerçamos um grande impacto espiritual, tanto em nossa família como em nosso ministério, nós dois precisamos crescer.

Assim que você e eu, como maridos, compreendermos essa realidade e começarmos a crescer, poderemos ajudar nossa esposa a crescer também. Isso pode ser tão simples quanto incentivar o hábito de fazer, cada um por si, a leitura diária da Bíblia e, no fim do dia, comparar anotações. Ou, então, ler juntos um livro da Bíblia. Felizmente, existem muitas ferramentas de estudos que podem ser usadas pelos casais. Portanto, falta de material não serve como desculpa. Nós, os homens, precisamos tomar a iniciativa de ter um papel mais ativo na liderança espiritual de nossa família.

Para incentivar o crescimento espiritual de minha esposa, eu não preciso necessariamente fazer parte do seu processo de crescimento. Às vezes, preciso apenas ser um "incentivador espiritual". Minha função é animar minha esposa em seu crescimento espiritual, enquanto ela estuda a Bíblia por conta própria ou participa de um estudo bíblico para mulheres. Mesmo sem doutrinar pessoalmente minha esposa, eu continuo a exercer minha função de líder espiritual. Estou presente para lhe transmitir ânimo e orientação.

Pergunto, mais uma vez: você se lembra do dia de seu casamento? Você prometeu suprir as necessidades de sua esposa. E isso implica suprir suas necessidades tanto na vida física como na vida espiritual. Portanto, você deve acompanhar o crescimento espiritual de sua esposa! E o primeiro passo, evidentemente, é pedir a Deus que lhe dê um comprometimento renovado com o seu crescimento espiritual. Depois, pergunte à sua esposa como poderá ajudá-la a crescer.

Proteja sua esposa

Vamos ler novamente Efésios 5 e nos concentrar em outro elemento de liderança espiritual na família – o aspecto protetor da liderança. Nos versículos 26-27, Paulo escreve sobre o compromisso de Cristo para com sua igreja – seu compromisso de santificá-la...

> ... tendo-a purificado por meio da lavagem de água pela palavra, para a apresentar a si mesmo Igreja gloriosa, sem mácula, nem ruga, nem coisa semelhante, porém santa e sem defeito.

O propósito de Jesus Cristo é que a igreja seja apresentada a Ele sem mácula, nem ruga, nem defeito. Ele deseja que a igreja seja santa e imaculada. E, para isso, Ele a protege constantemente. Ele vigia sua pureza. Essa é a descrição que Deus faz para você e para mim, como homens segundo o seu coração, do que significa ser um amoroso protetor espiritual. Devemos proteger nossas esposas das influências e violências do mundo.

O que você está fazendo para proteger sua esposa? Ou você está cuidando de si mesmo sem prestar atenção ao que se passa em seu lar ou na vida daquela que Deus lhe deu como companheira?

Aparentemente era isso que Adão estava fazendo no jardim do Éden (Gênesis 3:1-5), quando Eva foi abordada pela serpente. Onde estava Adão quando Satanás começou a colocar diante de Eva questionamentos sobre a sabedoria e o amor de Deus para com ela e Adão? E por que Adão não interferiu e defendeu sua esposa e o caráter de Deus? A Bíblia não nos dá resposta a nenhuma dessas perguntas, mas, talvez... talvez... se Adão estivesse presente, as coisas teriam sido muito diferentes!

Agora, pense novamente nas promessas que fez em seu casamento. Em algum momento da cerimônia, o pastor deve ter mencionado um trecho de Efésios 5, sobre como proteger sua esposa do mundo. Essa é sua principal responsabilidade como marido! E aqui estão algumas sugestões práticas para que você possa fazer isso (e que eu aprendi pelo caminho mais difícil, é claro!):

- Ore diariamente pela pureza e proteção de sua esposa. Você pode fazer isso todas as manhãs, durante seus momentos de meditação. Ou pode orar por ela enquanto se dirige ao trabalho (ou enquanto está correndo ou realizando uma coisa mecânica qualquer).
- Observe se o lugar em que sua esposa trabalha é um am--biente espiritualmente saudável. (Faça essa observação, também, quando ela tiver um emprego em vista.)
- Observe aquilo a que ela assiste na TV. (Lembre-se de Adão – talvez ele devesse ter-se envolvido mais na vida de sua esposa!)
- Afaste sua esposa de pessoas que podem exercer efeito negativo na sua vida espiritual. (Essa pessoa pode ser qualquer uma que exerça influência destrutiva sobre ela, até mesmo um parente ou um amigo.)

Talvez você esteja pensando enquanto lê estas sugestões: *essas sugestões servem para minha filha adolescente, não para minha esposa!* Sim, estes princípios também poderiam ser aplicados à sua filha. Você está certo – e agindo com sabedoria – por preocupar-se com a pureza de sua filha. É por isso que você vigia, de maneira amorosa e protetora, o que ela faz, aonde ela vai e com quem sai para passear.

Mas essa lista também quer dizer: "Eu amo minha esposa e também protejo carinhosamente sua pureza!" O fato de sua esposa ser adulta não o libera da responsabilidade de proteger sua pureza espiritual e seu bem-estar emocional. Que esposa não gostaria de ter um marido que demonstre esse tipo de amor e zelo?

Maneiras de amar por meio da liderança

A essa altura, você deve estar se sentindo um pouco oprimido diante do que significa amar por meio da liderança. Você pode ter pensado que está demonstrando amor por sua esposa pelo fato de cuidar dela financeiramente. (Eu pensei!) Você deve ter pensado que está demonstrando amor por ela por meio da intimidade física. (Eu pensei!) Essas manifestações de amor são legítimas. Mas o amor verdadeiro, o amor bíblico, o amor semelhante ao de Cristo, vai além do aspecto físico, até chegar ao espiritual e ao emocional.

Para aprender a amar por meio da liderança, a primeira coisa a ser lembrada é que nunca é tarde demais para começar! Eu me lembro de uma corrida de revezamento de que participei no ensino médio. Depois do primeiro trecho da corrida, nossa equipe parecia ter ficado irremediavelmente para trás. Poderíamos ter desistido e parado. Mas não o fizemos. Cada um de nós deu um pouco mais de si... e terminamos classificados na corrida. Isso é tudo o que Deus está pedindo de você – que dê o melhor de si na função de líder da família. Não desista! Não desista *nunca*! Entre na corrida para agradar a Deus e à sua esposa. Deus e sua esposa merecem seus melhores esforços.

Permita-me oferecer-lhe agora mais algumas sugestões sobre como amar por meio da liderança:

Comece a crescer – Sei que estou sendo repetitivo a respeito desse ponto, mas ele é muito importante! A maneira mais significativa de amar sua esposa é crescendo. Será que sua esposa está esperando e orando para que Deus acenda uma fogueira debaixo de seus pés e você sinta o desejo de crescer? Aqui estão alguns passos simples que qualquer homem pode dar para começar:

- Siga uma programação para ler a Bíblia diariamente (semelhante à que se encontra nas páginas 223-36). Lembre-se de que a Bíblia é sobrenatural, e ela fará coisas sobrenaturais em sua vida e em seu casamento. Mas você precisa iniciar o processo lendo a Palavra.

- Descubra alguém que possa orientá-lo. "Como o ferro com o ferro se afia, assim, o homem, [afia] ao seu amigo" (Provérbios 27:17).
- Evite pessoas que o abatam espiritualmente. "Não vos enganeis: as más conversações corrompem os bons costumes" (1Coríntios 15:33).
- Evite situações tentadoras: "Foge, outrossim, das paixões da mocidade" (2Timóteo 2:22).
- Não se envolva com situações comprometedoras. "Mas revesti-vos do Senhor Jesus Cristo e nada disponhais para a carne no tocante às suas concupiscências" (Romanos 13:14).

Comece a oferecer orientação espiritual – Incentive sua esposa a participar de um estudo bíblico para mulheres na igreja. Faça perguntas com sincero interesse sobre o estudo de que ela participou e sobre o que ela está aprendendo. Para ser seu líder espiritual, você não necessita doutriná-la a respeito da Bíblia. Certifique-se, apenas, de que ela está seguindo na direção certa e alegre-se com seu progresso.

Comece a orar com sua esposa – Alguns anos atrás, um casal recorreu a mim com um problema conjugal. Depois de analisarmos todas as questões, pedi ao marido que orasse e entregasse nossa discussão ao Senhor. Quando ele terminou de orar, levantei a cabeça e vi que sua esposa estava chorando. Ela disse: "Estamos casados há dez anos e esta é a primeira vez que oramos juntos." Não permita que sua esposa faça essa confissão com lágrimas nos olhos. Amigo, comece a assumir a liderança e ore com sua esposa e por ela.

Comece a liderar com entendimento – A Bíblia se refere à sua esposa como "parte mais frágil": "Maridos, vós, igualmente, vivei a vida comum do lar, com discernimento; e, tendo consideração para com a vossa mulher como parte mais frágil, tratai-a com dignidade, porque sois, juntamente, herdeiros da mesma graça de vida, para que não se interrompam as vossas orações" (1Pedro 3:7). Encontrei, num comentário bíblico, este significado para a expressão "mais frágil": "Embora ela seja totalmente igual perante Cristo, e não inferior no sentido espiritual, por ser mulher (ver Gálatas 3:28), ela é fisicamente mais frágil e necessita de proteção, provisão e força de seu marido."[20]

O fato de sua esposa ser mais frágil fisicamente não significa que ela seja inferior. Trata-se simplesmente de uma afirmação de sua necessidade de proteção e provisão. Em seu casamento, você precisa assumir a função de liderança para que possa "carregar" – literalmente – outras responsabilidades materiais da vida e do lar de vocês.

Talvez você pense que, pelo fato de levar o contracheque para casa, já cumpriu suas obrigações de liderança. (Era assim que eu pensava!) Afinal, você está "sustentando" a casa! Oh, você chega até a fazer pequenos trabalhos na casa, depois de muita insistência, mas, como a maioria dos homens, gosta de deixar sobre os ombros de sua esposa a maioria das responsabilidades de cuidar do lar (dentro e fora dele), do carro, das contas, das crianças, de qualquer vendedor que bata à sua porta e de seus pais e sogros – sem levar em conta que ela tem um emprego de tempo integral!

Vamos fazer os cálculos. Digamos que você trabalha oito ou nove horas por dia e gasta uma hora no trânsito durante cinco ou seis dias por semana. Sua esposa também trabalha oito ou nove horas por dia? E quando chega do trabalho ela ainda tem de exercer as funções de esposa, mãe, cozinheira, enfermeira, dona de casa, jardineira, faxineira, mediadora e administradora? Se for assim, ela tem *pelo menos* um segundo emprego de tempo integral! Algumas pessoas chamam isso de "vinte e quatro/sete". Agora, eu lhe pergunto: isso não parece estar um pouco fora do prumo?

Será que a carga física de sua esposa não poderia ser reduzida? Aqui estão algumas sugestões para ajudá-la:

- Sente-se ao lado de sua esposa e converse sobre a agenda dela. Existem algumas áreas em que uma administração mais racional do tempo poderia ajudar a aliviar algumas pressões?
- Assuma maior responsabilidade pelos serviços da casa (principalmente se vocês dois trabalham fora). Lembre-se de que vocês formam uma equipe. A casa, e tudo o que está dentro e fora dela, pertence a vocês dois. Que tal os dois dividirem as responsabilidades?
- Chame a si a tarefa de discutir com vendedores, enca-nadores, mecânicos de automóvel e enfrente as situações em que sua esposa teria de se confrontar com um homem sobre questões relativas a assuntos da família.
- Troquem ideias sobre decisões financeiras. Alguns homens lidam com todas as finanças da casa, e a esposa não faz nada, não sabe nada. Outros deixam tudo a cargo da esposa e não fazem nada, não querem saber de nada. Entre estes dois pontos opostos, existe um equilíbrio. Penso que nós dois concordamos que a principal responsabilidade de ganhar dinheiro e administrar as finanças deve recair sobre os ombros do marido (1Timóteo 5:8). Mas, em todos os aspectos do casamento, deve existir a responsabilidade compartilhada, inclusive no aspecto financeiro. Juntos, você e sua esposa devem decidir quem é o responsável pela área financeira. Este desempenhará essa função, mantendo sempre o outro informado e envolvido no processo.
- Assuma um papel mais ativo na vida de seus filhos. Ajude sua esposa a cuidar de seus filhos na área física, mental e espiritual. Como líder espiritual da família, leia histórias da Bíblia para seus filhos, todas as noites antes de dormir. Ajude também seus filhos a memorizarem alguns versículos da Bíblia sobre Jesus Cristo e sobre a fé cristã.

- Trate sua esposa com dignidade. Você deseja ter um canal aberto de comunicação com Deus? Então, trate sua esposa com respeito e dignidade (1Pedro 3:7). Não existe outra pessoa na face da Terra a quem você deva respeitar mais do que sua esposa.

Puxa! Quanta coisa Deus quer fazer com você e por intermédio de você e de sua esposa, como um casal! Mas isso não precisa, e não deve, ser um fardo – absolutamente. Tudo se resume num princípio muito simples:

"Maridos, amai vossa mulher" (Efésios 5:25).

Amar sua esposa é o ponto de partida para ser um marido que cuida, protege e alimenta. Não existe marido que acorde de manhã e diga: "Acho que não vou amar minha esposa hoje." Porém, em razão de nossas ações, ou por falta de ação, talvez estejamos fazendo isso. Podemos ter optado inadvertidamente por não amar nossas esposas, pelo fato de não fazer algo por elas ou com elas. Não permita que isso ocorra com você. Comece a obedecer ao mandamento de Deus de amar sua esposa, para que isso possa ser dito de vocês dois:

Ambos eram justos diante de Deus,
vivendo irrepreensivelmente em todos os preceitos
e mandamentos do Senhor
(Lucas 1:6).

Onde estiver seu coração, estará sua família *também. Caso seu coração ficar fora do rumo certo, nenhum sistema de educação de filhos, nenhuma regra, nenhum esquema jamais funcionará. Onde estiver seu* coração, *sua missão de* pai *ou* mãe *também estará!*

– Jim George

9
Um coração que ama os filhos

E vós, pais, não provoqueis vossos filhos à ira, mas criai-os na disciplina e na admoestação do Senhor.

– Efésios 6:4

Enquanto eu escrevia este capítulo, encontrei em minhas anotações a cópia de um artigo da revista *Newsweek*, intitulado Prezados Pais: Salvem Seus Filhos. O escritor, Christopher N. Bacorn, um experiente psicólogo do Texas, lamenta o fato de que a maioria dos delinquentes juvenis ligados a violência, armas e drogas pertence ao sexo masculino. No artigo, ele faz a seguinte pergunta: "Onde estão os pais?" E ele mesmo responde: "Posso dizer onde eles não estão. Eles não estão nas reuniões da Associação de Pais e Mestres nem nos recitais de piano. Não estão lecionando na Escola Dominical. Você não os encontrará no consultório de um pediatra carregando uma criança doente..."

O Sr. Bacorn deixa no ar a seguinte pergunta:

> O que aconteceria se os pais ociosos dos Estados Unidos começassem a passar um pouco de tempo

> com os filhos? [...] Se esses pais passassem mais tempo com seus filhos, isso poderia exercer influência no futuro do casamento e do divórcio. Não são apenas os rapazes que não sabem como um homem deve se comportar; muitas moças também não o sabem, e pouco aprenderam sobre o que significa um relacionamento saudável entre um homem e uma mulher.[21]

O psicólogo encerra o artigo com o que ele chama de "uma dose de desesperança", concluindo que o pai norte-americano não é encontrado em nenhum lugar.

Saiba que, sem Jesus Cristo em nossa vida, nós também seríamos "pais ausentes". Nós também poderíamos estar no campo de golfe, na quadra de tênis, jogando boliche, pescando no lago ou trabalhando desde manhãzinha até tarde da noite. Poderíamos estar entre o grupo de pessoas que ficam sentadas diante do aparelho de TV durante mais de seis horas por dia. Em resumo, sem um entendimento bíblico das prioridades que o Senhor nos deu, como homens segundo o coração de Deus, estaríamos em qualquer lugar... menos em companhia de nossos filhos.

Pratique suas crenças

Felizmente para nós, maridos e pais cristãos, Deus apresenta orientações específicas na Bíblia para nossas funções e responsabilidades. Em Efésios 5, recebemos instruções sobre o relacionamento com nossas esposas. E, em Efésios 6, encontramos orientações para a educação de nossos filhos:

> E vós, pais, não provoqueis vossos filhos à ira, mas criai-os na disciplina e na admoestação do Senhor (Efésios 6:4).

Como ponto de referência, o apóstolo Paulo escreveu o livro de Efésios a um grupo de cristãos de Éfeso, uma grande cidade da Ásia Menor que propiciava muitas oportunidades para o pecado. (Parecida com a cidade em que moro!) Deus usou Paulo para organizar uma igreja naquela cidade pagã, e o apóstolo instruiu fielmente os crentes inexperientes daquela igreja por três anos. Vários anos depois, Paulo voltou a escrever-lhes para ajudá-los a lutar contra as forças mundanas e sua influência nos relacionamentos conjugais e familiares.

Como Paulo fez isso? Na primeira metade de Efésios, ele estipulou um fundamento dogmático para seus leitores transmitindo-lhes verdades importantes nas quais eles deviam crer e permanecer. Na segunda metade do livro, ele explicou como colocar em prática essas verdades, começando com estas palavras: "Rogo-vos [...] que andeis de modo digno da vocação a que fostes chamados" (Efésios 4:1). Em essência, Paulo está dizendo: "Aceitem as verdades que lhes transmiti acerca de seu relacionamento com Deus, amados irmãos e irmãs em Cristo, e pratiquem suas crenças em seus relacionamentos no lar." Paulo está dizendo que o comportamento de alguém sempre reflete aquilo em que ele crê.

Educar filhos é uma parceria

Amigo, a exortação de Paulo para praticarmos aquilo em que cremos é dirigida a você e a mim. Cer na Palavra de Deus e obedecer ao que ela diz transformam nosso modo de viver e afetam a maneira de amar nossa esposa e de zelar por nossos filhos.

Vamos retroceder por alguns instantes ao seu relacionamento com sua esposa. Deus diz aos maridos: "Maridos, amai vossa mulher" (Efésios 5:25). O modo como amamos nossa esposa e zelamos por ela é um fator importante na educação de nossos filhos. Por quê? Porque educar filhos é uma parceria. Eu explico...

Se você ama sua esposa e zela por ela, está lhe proporcionando uma sensação de bem-estar, o que, por sua vez, a capacita para dar maior atenção aos filhos. Em razão do papel significativo e singular que a mãe exerce na vida dos filhos, a sensação de bem-estar de sua esposa influenciará positivamente a educação das crianças. Quando você ama sua esposa, está exercendo um impacto sobre seus filhos. Esse é um dos meios pelos quais se dá a parceria na educação dos filhos.

Isso não significa que você pode abdicar de seus deveres como pai. Deus exige algo mais de você. Ele exige que você eduque seus filhos nos "ensinamentos e instruções do Senhor". E, se você demonstra amor por sua esposa, ela se sentirá ansiosa por assumir, com você, essa responsabilidade. Ao trabalhar em parceria com ela, você descobrirá que a tarefa de educar os filhos será muito mais fácil. Portanto, enquanto você continua a ler sobre suas responsabilidades na educação dos filhos, tenha sempre em mente que um dos segredos de seu sucesso como pai (humanamente falando) é o amor que você dedica à sua esposa. Faça uma pausa neste momento e murmure uma oração de agradecimento pela mãe de seus filhos – por sua esposa! Ela é uma mulher especial e merece não apenas suas orações, mas também sua afirmação verbal e física. Aceite o conselho de Salomão: "embriaga-te sempre com as suas carícias" (Provérbios 5:19).

Aprenda a lidar com o coração

Este livro trata do coração e de seu afeto para com Deus e sobre as prioridades que Ele estabelece para nossa vida. E quando começamos a falar de nossos filhos, precisamos começar com um "exame do coração".

Seu coração

O coração é o lugar de onde procede a direção para sua vida. Ele é chamado de "centro do controle da vida":[22] E Deus nos conhece – e conhece nossos corações – porque Ele nos criou. Esta é a avaliação de Jesus a respeito do significado do coração e de sua ligação com nossa conduta:

> O homem bom, do bom tesouro do coração tira o bem, e o mau, do mau tesouro tira o mal; porque a boca fala do que está cheio o coração (Lucas 6:45).

Conforme aprendemos anteriormente com o exemplo do rei Davi, o homem segundo o coração de Deus tem o coração centrado em Deus. O coração desse homem ama a Deus antes de qualquer outra coisa. Jesus disse:

> Amarás o Senhor, teu Deus, de todo o teu coração, de toda a tua alma e de todo o teu entendimento. Este é o grande e primeiro mandamento. O segundo, semelhante a este, é: Amarás o teu próximo como a ti mesmo (Mateus 22:37-39).

Seu amor por Deus exercerá influência em seu relacionamento com as pessoas que o rodeiam. Isso funciona mais ou menos assim: se você ama o Senhor seu Deus, ama o seu próximo. E quem são as pessoas mais próximas de você? Sua esposa e seus filhos! Assim como sua esposa é abençoada por causa de seu relacionamento com Deus, seus filhos serão igualmente abençoados.

Reflita sobre o que um de meus ex-alunos, Dennis Wilson, diz em seu livro sobre a educação dos filhos e a influência que um pai exerce sobre a família, quando tem um bom relacionamento com Deus:

> A ordem das prioridades é evidente: Você deve buscar a Deus de todo o coração antes de instruir seus filhos nos caminhos do Senhor. Embora jamais

> sejamos pais perfeitos, nossos anseios e esforços genuínos de sempre amar, obedecer e crescer no conhecimento de Deus poderão ser sentidos pela família inteira:[23]

Portanto, eu repito, examine seu coração – onde estiver seu coração estará sua família também. Caso seu coração ficar fora do rumo certo, nenhum sistema de educação de filhos, nenhuma regra, nenhum esquema jamais funcionará. Onde estiver seu coração, sua missão de pai ou mãe também estará!

O coração de seus filhos

Assim como o relacionamento que você tem com Deus afeta sua conduta, a conduta de seus filhos também será determinada pelo relacionamento do coração deles com Deus. Portanto, devemos nos preocupar com o coração de nossos filhos. Esse é o ponto de partida para cuidar deles. O autor Tedd Tripp o define bem:

> educar filhos é uma arte relacionada com outra arte: a de pastorear o coração. Você precisa aprender a trabalhar, a partir do comportamento visível, com aquilo que está no coração, deixando que seus filhos conheçam o que se refere ao coração. Em resumo, você precisa aprender a torná-los participativos, não apenas corrigi-los. Ajude-os a entender que eles estão tentando saciar [satisfazer] a sede de suas almas com algo que não os satisfaz. Você precisa ajudar seus filhos a se concentrar na cruz de Cristo.

Aqui está a proposição: o comportamento é movido pelo coração. Portanto, correção, disciplina e instrução, tudo o que se refere à educação dos filhos tem a ver com o coração. A tarefa fundamental dos pais é pastorear o coração de seus filhos:[24]

Você compreendeu a afirmação contida nessa última frase? A tarefa fundamental dos pais é pastorear o coração dos filhos. Seus filhos lhe foram dados por Deus, e Ele o incumbiu de cuidar do coração deles. Ele espera que você faça a sua parte, educando-os para que conheçam e amem a Deus.

Transmita o amor de Deus

Agora vamos aprender uma lição de como educar os filhos extraída do Antigo Testamento. Depois que os israelitas foram libertados do cativeiro no Egito, e pouco antes de entrarem na Terra Prometida, Deus lhes deu instruções sobre como o povo deveria concentrar nele o seu coração e transmitir aquele amor a seus filhos:

> Amarás, pois, o Senhor, teu Deus, de todo o teu coração, de toda a tua alma e de toda a tua força. Estas palavras que, hoje, te ordeno estarão no *teu* coração; tu as inculcarás a *teus* filhos, e delas falarás assentado em tua casa, e andando pelo caminho, e ao deitar-te, e ao levantar-te (Deuteronômio 6:5-7, grifos meu).

Você notou a extensão das responsabilidades dos pais? Primeiro, eles tinham a responsabilidade de ter uma íntima comunhão com Deus. Depois, eram responsáveis por transmitir a seus filhos o amor que sentiam por Deus. Os pais deveriam doutrinar diligentemente os filhos para amarem a Deus em todas as oportunidades. Em casa, fora de casa, andando pelo caminho... o tempo todo. E, amigo, Deus está pedindo o mesmo a você e a mim, que somos pais. Devemos amar a Deus e transmitir a nossos filhos esse mesmo amor por Ele.

Dizem que é terrível negligenciar a mente. Porém, tragédia maior ainda é negligenciar a alma. Um fato que nos pode levar a pensar nisso me foi apresentado recentemente de uma forma muito triste. Eu perguntei a uma mãe qual a igreja que ela frequentava. Ela disse que acabara de voltar a frequentar determinada igreja. Em seguida, com profundo remorso na voz, contou que a filha queria ir à igreja quando era menor, mas, agora, ao chegar à adolescência, deixou de demonstrar interesse pela igreja. Quando a filha queria ir à igreja, a mãe não estava interessada nisso. Agora, era tarde demais!

Os puritanos têm uma sensata perspectiva quanto à educação dos filhos e à eterna consequência de nossas ações:

> Está em suas mãos praticar a maior bondade ou a maior crueldade do mundo: ajude-os a conhecer a Deus e a ser salvos, e você os terá ajudado muito mais do que se os transformasse em príncipes ou em princesas; se você não cuidar da alma deles e deixá-los na ignorância, levando uma vida mundana, sem religião e pecaminosa, estará conduzindo-os ao Maligno, ao inimigo de nossas almas, como se os tivesse vendido a ele; você estará selando o destino deles como escravos de Satanás; estará conduzindo seus filhos àquele que os enganará e os corromperá nesta vida e os atormentará na vida futura.[25]

Se isso não for suficiente para motivá-lo a assumir um papel mais decisivo na educação espiritual de seus filhos, ouça o que Jesus disse sobre o mesmo assunto:

> Qualquer, porém, que fizer tropeçar a um destes pequeninos que creem em mim, melhor lhe fora que se lhe pendurasse ao pescoço uma grande pedra de moinho, e fosse afogado na profundeza do mar. Ai do mundo, por causa dos escândalos; porque é inevitável que venham escândalos, mas ai do homem pelo qual vem o escândalo! (Mateus 18:6-7).

Maneiras de influenciar seus filhos

Parabéns – você conseguiu chegar até aqui! Sei que este capítulo está sendo um pouco pesado. Mas quando você reflete sobre ele, vê que estamos falando de moldar o futuro inteiro da vida de uma criança e de influenciar seu destino eterno. Espero que você tenha sentido a gravidade da obrigação que tem para com Deus... e para com seus filhos. Aqui estão alguns passos que servirão como ponto de partida. São simples, mas exigirão muito de você. No entanto, as recompensas de se tornar um pai e um marido piedoso compensarão todos os sacrifícios!

Comece amando sua esposa – Deus ordenou que os pais fossem parceiros, e o segredo essencial para cuidar de seus filhos é demonstrar um amor sincero por sua esposa.

Comece levando sua família à igreja – Talvez sua vida espiritual não esteja seguindo o rumo certo neste momento. Mas o simples ato de levar sua esposa e seus filhos à igreja é um passo gigantesco para que você assuma a liderança espiritual de sua família.

Comece crescendo espiritualmente – A resposta para tudo o que discutimos nos capítulos anteriores, e para tudo o que discutiremos nos próximos capítulos, resume-se na maturidade espiritual. Um homem segundo o coração de Deus é aquele que sente o desejo constante de crescer espiritualmente. Ele nunca está onde deseja, mas sempre se esforça para estar onde necessita estar.

Comece passando mais tempo com seus filhos – Essa é uma sugestão que salta à vista, de tão necessária que é. Um relacionamento mais próximo com seus filhos só ocorre com o tempo.

Comece demonstrando um comportamento semelhante ao de Cristo – Quando começar a amadurecer em sua caminhada com Cristo, você assumirá uma postura mais firme de liderança em sua família. Poderá dizer a seus filhos: "Sede meus imitadores, como também eu sou de Cristo" (1Coríntios 11:1). Humanamente falando, não existe força maior para uma transformação espiritual do que a do exemplo de um pai piedoso diante dos olhos observadores de corações jovens e moldáveis!

Amigo, essa prioridade estabelecida por Deus não precisa ser um peso para você. Ame sua esposa. Leve sua família à igreja. Cresça espiritualmente. Passe tempo com a família. Pratique o Cristianismo. Está em suas mãos, como pai, cuidar de seus filhos. Você já faz sacrifícios enormes, todos os dias, visando ao bem-estar material deles. Por exemplo, você planeja e economiza dinheiro para a educação deles, faz questão de levá-los a atividades esportivas, faz todo tipo de sacrifício para lhes proporcionar as coisas terrenas da vida. Agora, vamos assumir um novo compromisso de fazer o mesmo sacrifício – ou um sacrifício maior ainda! – para conduzir nossos filhos a Deus. Vamos fazer tudo o que pudermos. Não deixe para depois! Existe uma luta celestial sendo travada pela alma de seus preciosos filhos. Faça a sua parte e conduza-os a Deus.

•••••••

Dez mandamentos para educar os filhos

I. Doutrine-os com a Palavra de Deus.
(Deuteronômio 6:4-9)

II. Diga-lhes o que é certo e o que é errado.
(1Reis 1:6)

III. Considere-os como dádivas de Deus.
(Salmos 127:3)

IV. Guie-os nos caminhos de Deus.
(Provérbios 22:6).

V. Discipline-os.
(Provérbios 29:17)

VI. Ame-os incondicionalmente.
(Lucas 15:11-32)

VII. Não os provoque à ira.
(Efésios 6:4)

VIII. Conquiste o seu respeito por meio de exemplos.
(1Timóteo 3:4)

IX. Supra suas necessidades materiais.
(1Timóteo 5:8)

X. Transmita sua fé a eles.
(2Timóteo 1:5)[26]

•••••••

Um dos privilégios singulares que você e eu temos como pais é poder colocar diante de nossos filhos a provisão espiritual para suas vidas e apresentá-los diante do trono de Deus por meio da oração. Com certeza, você não vai compreender essa rara oportunidade enquanto não se der conta de que, com exceção das orações de sua esposa e, possivelmente, das orações de avós fervorosos, você é a única pessoa na face da Terra que ora por seus filhos. Não abra mão desse abençoado privilégio!

– Jim George

10

Um coração que lidera os filhos

Estas palavras que, hoje, te ordeno,
estarão no teu coração; tu as inculcarás a teus filhos
– Deuteronômio 6:6-7

No início deste livro, narrei a minha experiência como o "filho pródigo" que retornou à casa de seu pai (Lucas 15:11-31). Nos tempos de menino, eu costumava ir à igreja. Mas, quando entrei na faculdade, as coisas de Deus passaram a despertar pouco interesse em mim. Só aos 30 anos foi que reconheci que era malnutrido espiritualmente... e muito malnutrido!

Mas não contei ainda o que tive de enfrentar quando voltei para "casa", espiritualmente falando. Minha esposa era recém-convertida, e tínhamos duas filhas pequenas – uma, de dois anos e meio, e outra, de um ano e meio. Agora, eu era o líder espiritual de minha família, mas não tinha ideia de onde deveria começar. Agradeço a Deus porque, pelo menos, me dei conta de que precisava levar minha família a uma igreja onde ela pudesse aprender as doutrinas de Deus; ali todos nós começamos a ser alimentados e a receber orientação para nossa vida.

Assim que comecei a frequentar a igreja, passei a orar para encontrar alguém que pudesse me dar alguma ajuda, alguma orientação, alguma assistência, para que eu me tornasse um marido amoroso e piedoso, um pai zeloso para minhas filhas. E o Senhor respondeu às minhas orações. Encontrei um presbítero que me ofereceu algumas orientações bíblicas. John transmitiu-me princípios valiosos, extraídos da Palavra de Deus e de sua experiência pessoal, que se transformaram em aprendizado contínuo durante os 25 anos seguintes de minha vida como pai. Há alguns anos, fiquei feliz por ter tido a oportunidade de visitar John e sua esposa e de lhes agradecer os conselhos e exemplos que deram a mim e a Elizabeth. Que bênção eles têm sido para nossa família! Minha oração por você é que este livro – e talvez um irmão de sua igreja, mais maduro espiritualmente –, o ajude a levar adiante sua missão de líder de sua família.

No capítulo anterior, analisamos o que significa ser um pai piedoso. Você deve estar no ponto em que eu me encontrava quando comecei – menos dez em uma escala de um a dez! Mas não se preocupe. Assim que você der os primeiros passos rumo ao crescimento, amando sua esposa, indo à igreja, passando tempo com as crianças e começando a demonstrar uma conduta semelhante à de Cristo, verá algumas mudanças ocorrerem, tanto em sua família como em você. Agora, vamos avançar um pouco mais, apresentando outros passos para o seu crescimento espiritual.

O que você deve prover para seus filhos

Ensinamento ativo e progressivo

Quando você reserva tempo para oferecer orientação espiritual a seus filhos, está cumprindo uma função significativa no desenvolvimento espiritual de sua família. Assim como o pastor conduz seu rebanho, você, como pai, deve conduzir o seu "pequenino rebanho" a uma melhor compreensão de Deus por meio do estudo de sua Palavra, de orações em família e de cânticos de louvor. Leia a descrição de J. I. Packer sobre como os puritanos de antigamente incentivavam os pais, considerados sacerdotes da família, a liderar e instruir a esposa e os filhos:

> Era responsabilidade do marido direcionar a família à religião; levá-la à igreja no dia do Senhor e orientar todos da casa a santificarem aquele dia; instruir as crianças e doutriná-las na fé; interrogar a família inteira, após cada sermão, para saber quanto eles tinham assimilado e compreendido e dirimir quaisquer dúvidas que porventura tivessem; dirigir o culto doméstico, de preferência duas vezes por dia; e ser um exemplo piedoso o tempo todo e em todas as situações:[27]

Conforme você pode ver, os puritanos consideravam a função de mestre uma obrigação muito importante dos pais. Talvez você não esteja totalmente preparado para assumir todos os deveres espirituais de um pai puritano (e, devo admitir, a lista é bem longa!), mas pode começar do ponto em que está. Repito: se você não sabe como começar, peça ajuda a um irmão piedoso de sua igreja. Procure alguém cujas ações reflitam o respeito que dedica à família. Peça conselhos ou orientação para ensinar seus filhos. Não seja orgulhoso demais, deixando com isso de pedir ajuda. As apostas são muito altas. Existe uma batalha espiritual sendo travada para conquistar o coração e a mente de seus filhos. Conforme Tedd Tripp escreveu: "Os pais estão engajados numa luta corpo a corpo, no menor campo de batalha do mundo: o coração de seus filhos."[28]

Pai cristão, você *precisa* assumir a liderança nesta missão tão importante! Não delegue essa responsabilidade à sua esposa. Juntos, vocês devem encontrar a melhor maneira de levar adiante a tarefa primordial de pastorear o coração de seus filhos. Tampouco deixe essa incumbência a cargo do professor da Escola Dominical, do pastor de jovens ou de uma excelente escola cristã. A responsabilidade é *sua*. E cumprir essa responsabilidade, com a ajuda de Deus, é o que o homem segundo o coração dele precisa fazer... e o deve fazer de todo o coração (mesmo que a princípio se sinta inseguro!).

Você se considera um homem muito atarefado? A agitação da vida não é desculpa para negligenciar o ensino a seus filhos. A maioria das famílias é extremamente atarefada, e a sua não é exceção. Se houver alguma coisa importante, você vai encontrar tempo para fazê-la, não é mesmo? Principalmente se considerar que estamos falando do destino eterno de seus filhos.

Mas quando nós, pais, podemos realizar essa tarefa essencial? Como conseguir um horário para erigir o "altar da família" em uma agenda lotada? Para a maioria de nós existem dois períodos próprios para isso – bem cedo, no café da manhã, antes de sair para o trabalho, ou à noite, por ocasião do jantar. Encontrar tempo é sempre uma tarefa difícil. Escolher o tema a ser ensinado é mais fácil. Repito: pergunte a seu pastor, ou a outra pessoa que tenha alcançado sucesso nessa empreitada, o que você pode ensinar à sua família. Não entregue seus filhos nas mãos do demônio por causa de sua negligência. Ao contrário, assuma um papel ativo para ensinar seus filhos a seguirem nos caminhos divinos.

Exemplo piedoso consistente

Tenho atuado em ministérios de várias igrejas. Em uma delas, fui pastor-evangelista. Na época, conversei com líderes de alguns dos principais setores da Universidade da Califórnia, em Los Angeles (Ucla). Perguntei àqueles homens quais eram os alunos mais relutantes em aceitar Jesus Cristo. Sem exceção e sem hesitação, todos me disseram que eram os filhos de pais que se dizem cristãos. Aparentemente, os alunos procedentes desses lares não queriam envolver-se com uma religião que não era praticada em casa.

Amigo, a maior influência que você pode exercer sobre seus filhos vem do seu exemplo cristão no lar. A realidade de Cristo não pode ser demonstrada de modo mais perfeito e convincente do que por meio de uma firme conduta cristã em casa. Sei que os princípios contidos em Deuteronômio 6:6-7 já foram por mim mencionados, mas vale a pena repeti-los. Moisés instruiu os pais, recomendando que eles ensinassem diligentemente a Palavra de Deus a seus filhos...

... assentados em casa,
andando pelo caminho,
ao se deitarem
e ao se levantarem.

O pai que faz isso está assumindo um papel ativo como mestre e se esforçando para dar um exemplo piedoso e consistente de vida cristã a seus filhos. E *este* é o tipo de pai que você deve ser!

Está claro que um exemplo inconsistente pode ter efeito negativo, e que um exemplo piedoso e consistente de vida cristã produzirá recompensas eternas. Tomemos, como exemplo, Timóteo, que foi instruído pelo apóstolo Paulo. Paulo relembra a Timóteo os exemplos de fé e de piedade que ele tinha em casa (2Timóteo 1:5) e, posteriormente, na mesma carta, ele fala do impacto daqueles exemplos... que o levaram a aprender "as sagradas letras, que podem tornar-te sábio para a salvação pela fé em Cristo Jesus" (2Timóteo 3:15). Quando você separa um tempo para cuidar de seu crescimento espiritual, está demonstrando a seus filhos a realidade de Cristo em sua vida. Seu exemplo consistente como pai cristão exercerá a maior de todas as influências humanas na vida espiritual de seus filhos.

Liderança constante

Ser o líder espiritual de sua família é uma função *constante,* que nunca mudará enquanto você tiver uma família. Embora seja difícil encontrar tempo para isso, os benefícios valerão a pena. Mas e nas ocasiões em que você está longe de casa? Se você for como eu, é provável que seu trabalho o mantenha fora de casa por longos períodos. Nessas ocasiões, delegue a liderança à sua esposa. No meu caso, no tempo em que era reservista do Exército, eu me ausentava de casa durante duas semanas por ano. Em outras épocas, eu fazia viagens missionárias. Todas as vezes, antes de sair de casa, eu conversava com Elizabeth e lhe repassava verbalmente minhas responsabilidades, enquanto eu estivesse fora. E uma delas – a principal – era cuidar da instrução espiritual de nossas filhas.

Como líder de Deus, talvez você também necessite delegar à sua esposa a continuidade da tarefa de instruir espiritualmente seus filhos durante sua ausência. Quando voltar para casa, reassuma imediatamente a sua função. Haverá ocasiões em que você e sua esposa terão de adaptar-se a essas mudanças. Mas, assim que possível, retorne à sua função de líder. Essa função é tão prioritária que nenhum trabalho, passatempo ou outra coisa qualquer deve interferir permanentemente nessa obrigação sua como homem segundo o coração de Deus.

Você está tendo dificuldade para ser o líder espiritual de sua família? Isso é normal! Mostra que você está compreendendo a importância dessa função e que não sabe como levá-la adiante com sucesso. Anos atrás, eu estive na mesma situação. Portanto, identifico-me com você. Ore para que Deus o oriente a encontrar um verdadeiro cristão em sua igreja. Sente-se periodicamente ao lado desse homem e permita que ele lhe ensine os princípios bíblicos para ser um líder espiritual de seus filhos. Esses princípios são de Deus; portanto, funcionam. Confie neles e aplique-os fielmente a seus filhos ao longo dos anos. Assim como eu estou lhe contando algumas de minhas experiências, um dia você também transmitirá a homens mais novos o que aprendeu sobre como educar filhos dentro dos princípios bíblicos.

Disciplina consistente

A Bíblia tem muito a dizer sobre como disciplinar nossos filhos. Na verdade, a Bíblia nos ensina que a disciplina de Deus em nossa vida é sinal de que somos seus filhos amados:

> Porque o Senhor repreende a quem ama, assim como o pai, ao filho a quem quer bem (Provérbios 3:12).
>
> Porque o Senhor corrige a quem ama e açoita a todo filho a quem recebe... pois que filho há que o pai não corrige? (Hebreus 12:6-7).

Deus é perfeitamente justo e sábio, e sua disciplina para você e para mim, como filhos, é administrada de maneira consistente e imparcial. A disciplina que administramos a nossos filhos deve ser conduzida da mesma maneira. Evidentemente, esse não era o caso de alguns pais do Novo Testamento. Reflita sobre a admoestação que Paulo faz a dois tipos de pais, com referência ao tratamento que eles davam aos filhos:

1. Pais, não *irriteis* os vossos filhos, para que não fiquem desanimados (Colossenses 3:21, grifo meu).

O verbo "irritar" significa provocar, exasperar, espicaçar. E "desanimado" significa aquele que perdeu o ânimo, a coragem, o alento, que realiza uma tarefa amuado, taciturno e indiferente.

Uma criança frequentemente irritada por rigor exagerado ou injustiça, em geral desenvolve um espírito de resignação imposta, o que a leva ao desespero.

Às vezes, em nosso zelo de líderes e de disciplinadores, reagimos às atitudes de nossos filhos de maneira ríspida e incoerente.

Se continuarmos a sufocá-los, com o passar do tempo eles se tornarão arredios... até o dia em que atingirem a maioridade e forem embora de casa. Então, teremos cumprido nosso dever, mas os resultados terão sido desastrosos.

2. "E vós, pais, não *provoqueis* vossos filhos à ira" (Efésios 6:4, grifo meu).

Novamente, Paulo está advertindo os pais sobre a maneira como eles *não* devem tratar seus filhos. O verbo "provocar" significa incitar, estimular a raiva, tornar uma pessoa extremamente zangada. Em seu livro *Como Educar Seus Filhos segundo a Bíblia*, o Dr. John MacArthur faz o seguinte comentário sobre esse versículo:

> Esta é uma advertência, uma admoestação, destinada a prevenir os pais contra a ação de incitar a ira dos filhos, deliberadamente ou por meio de provocações impensadas e desnecessárias. Evidentemente, há ocasiões em que as crianças se mostram rebeldes e ficam aborrecidas com seus pais sem que tenha havido qualquer tipo de provocação... Mas há outras vezes em que os pais são culpados de provocar a ira dos filhos, irritando-os irrefletidamente, provocando-os deliberadamente, negligenciando-os insensivelmente ou usando outros meios de suscitar-lhes a ira, propositada ou involuntariamente. Quando isso acontece, são os pais que estão pecando – e levando os filhos a pecar.[29]

Sim, a Bíblia fala de usar a disciplina: "O que retém a vara aborrece a seu filho, mas o que o ama, cedo, o disciplina" (Provérbios 13:24). Mas a Bíblia também nos adverte que a disciplina deve ser exercida com amor, usando-se, para isso, métodos apropriados e seguros.

Mesmo que seus filhos não apreciem a disciplina, se você administrá-la de maneira justa e constante, com o passar do tempo eles a aceitarão. Eles verão que a disciplina partiu de um pai amoroso, preocupado com os filhos.

Finalmente, é muito importante que você e sua esposa estejam de acordo sobre *como*, *quando*, *onde* e *por que* corrigir seus filhos. Vocês dois precisam determinar, de antemão, como vão lidar com os diferentes tipos de comportamento que eles apresentarem. Estou certo de que você já sabe que não existem duas crianças iguais. Cada uma, por suas características e temperamento próprios, precisa ser disciplinada de determinada forma. Mas você tem de ser firme com todas elas. Lembre-se: a melhor maneira de prejudicar a disciplina é demonstrar fraqueza!

Orações intercessórias

Orar pelos filhos é outra atitude característica do líder espiritual da família. Você deve orar suplicando que Deus derrame sua graça redentora sobre eles e que continue abençoando suas vidas; orar pelo seu crescimento espiritual e por seus futuros cônjuges. (Eu orei, fervorosamente, durante 20 anos, pelos futuros maridos de minhas filhas. E me prostro humildemente diante de Deus todos os dias para louvá-lo, porque Ele respondeu às minhas orações concedendo-me dois genros cristãos.)

Sempre que penso em um pai que ora pelos filhos, lembro-me imediatamente de Jó, no Antigo Testamento, e de seu ministério em favor dos filhos:

> Seus filhos iam às casas uns dos outros e faziam banquetes, cada um por sua vez, e mandavam convidar as suas três irmãs a comerem e beberem com eles. Decorrido o turno de dias de seus banquetes, chamava Jó a seus filhos e os santificava;

> levantava-se de madrugada e oferecia holocaustos segundo o número de todos eles, pois dizia: Talvez tenham pecado os meus filhos e blasfemado contra Deus em seu coração. Assim o fazia Jó continuamente (Jó 1:4-5).

Levar os filhos ao trono divino mediante a oração é um dos privilégios singulares que você e eu temos como pais. Com certeza, você não vai compreender essa rara oportunidade enquanto não se der conta de que, com exceção das orações de sua esposa e, possivelmente, das orações de avós fervorosos, você é a única pessoa na face da Terra que ora por seus filhos. Não abra mão desse abençoado privilégio!

Influência piedosa fora de casa

Não há dúvida de que o lar é o ponto central para pastorear seus filhos. O lar é o campo de treinamento para uma vida de piedade. Mas há ocasiões em que seus filhos estão distantes de casa e de sua influência. O que você pode fazer? Faça o que for possível para ter certeza de que seus filhos estão recebendo influência de outras pessoas cristãs.

A igreja é o segundo lugar mais importante para sua família. É onde seus filhos recebem orientação para a vida cristã. Na igreja, seus filhos recebem influência de professores da Escola Dominical, de líderes da mocidade e de pastores dedicados. (Ao longo dos anos, nossas filhas receberam ensinamentos de excelentes professores e líderes da juventude.)

Para isso acontecer, sinta-se motivado a frequentar a igreja e leve seus filhos e sua esposa. Mesmo que eles resmunguem algumas vezes, não desista. Como pastor de seu pequenino rebanho, certifique-se de que seus filhos estão sendo alimentados com a Palavra de Deus na igreja e recebendo a influência de professores e de líderes da juventude.

Discernimento quanto a influências fora de casa

Fora de casa e da igreja, haverá ocasiões em que seus filhos receberão influências que fugirão ao seu controle. Eles enfrentarão situações e verão exemplos de pessoas que não têm uma vida cristã exemplar. Isso pode acontecer na escola pública, no convívio com crianças vizinhas ou com outras pessoas que não cultivam a vida espiritual. Como líder espiritual, você deve preparar seus filhos para saber escolher suas companhias. Quem são os amigos deles na escola? Que lugares eles frequentam? O que estão lendo e vendo?

É necessário que você desperte a sensibilidade espiritual de seus filhos, de modo que eles possam "discernir não somente o bem, mas também o mal" (Hebreus 5:14). Eles vão crescer, sair de casa para estudar e começar a namorar. Todas essas atividades são naturais e normais. Nem sempre você estará presente para orientá-los. Haverá situações na vida que exigirão que eles tomem decisões por conta própria. Antes que isso aconteça, você deve levá-los a desenvolver o discernimento espiritual. Deve ensiná-los a, sozinhos, fazer escolhas certas. Esse é o objetivo primordial de um pai piedoso.

Suas prioridades para seus filhos

Você está começando a compreender quais são as prioridades de Deus para você e sua família? Um homem segundo o coração de Deus ama a Deus e deseja ser obediente à sua Palavra. Isso significa que ele ama a esposa e que trabalha em parceria com ela para cuidar dos filhos. O homem de Deus também rende graças ao Senhor por ter uma companheira e mãe amorosa, que cuida com carinho dos filhos. Ele reconhece que o apoio da esposa é vital e essencial. Mas o cuidado que ele dispensa aos filhos também é vital. Ele entende que "herança do Senhor são os filhos; o fruto do ventre, seu galardão" (Salmos 127:3). Portanto, ele leva a sério a advertência divina para que crie seus filhos "na disciplina e na admoestação do Senhor" (Efésios 6:4).

Amigo, você pode escolher entre "educar" e "deseducar" seus filhos. Sei que, com a ajuda do Senhor, você continuará a fazer as escolhas certas para cada um deles.

Como deseducar um filho

1. Dê muito dinheiro para ele gastar.
2. Permita que ele escolha suas companhias sem restrições nem orientações.
3. Entregue-lhe a chave da casa e permita que ele volte tarde da noite.
4. Não lhe faça nenhuma pergunta sobre onde ou com quem ele passa seus momentos de lazer.
5. Faça-o entender que os costumes são bons substitutos dos princípios morais.
6. Ensine-o a receber pagamento por qualquer ajuda que ele preste a outra pessoa.
7. Tome cuidado para que ele nunca ouça sua voz em oração, suplicando por sua salvação e crescimento espiritual.

Como educar um filho

1. Faça de seu lar o lugar mais alegre e atraente do mundo.
2. Torne-o responsável pela execução de um número limitado de tarefas diárias.
3. Nunca o castigue quando você estiver com raiva.

4. Em vez de ridicularizar a vaidade (orgulho) de seu filho, converse francamente com ele sobre assuntos que lhe despertem interesse.
5. Dê liberdade para que ele convide os amigos para frequentarem sua casa e participarem das refeições.
6. Não deixe de incutir na mente dele que ter caráter é mais importante do que ganhar dinheiro.
7. Viva como cristão o tempo todo para poder falar de Cristo a ele com autoridade.
8. Ore constantemente pela salvação dele e por seu crescimento espiritual:[30]

A solução não está em você sair de seu local de trabalho e entrar para um mosteiro. A solução está em você permanecer onde está trabalhando e começar a conquistar, para Cristo, as pessoas ao seu redor, ali. Imagine-se levantando de manhã sem se sentir apreensivo, mas disposto a ir para o trabalho com um propósito em mente – o propósito que Cristo tem para você em seu local de trabalho! Talvez você não consiga modificar a maneira de pensar de toda a empresa onde você trabalha; mas poderá modificar vidas – a sua e a de muitas outras pessoas:[31]

– Dr. John Trent

11

Um coração diligente no trabalho

Portanto, quer comais, quer bebais ou façais
outra coisa qualquer, fazei tudo para a glória de Deus.
– 1Coríntios 10:31

Dizem que o trabalho é consequência do pecado original do homem – que se Adão e Eva não tivessem comido do fruto proibido, hoje nós não precisaríamos trabalhar. O fato, porém, é que o trabalho já existia antes do pecado da desobediência de Adão e Eva. Muito tempo antes de Adão e Eva terem comido daquele fruto, nós podemos encontrar Deus trabalhando na criação do universo.

Em Gênesis 1:1, vimos Deus marcando o cartão de ponto, por assim dizer, como um trabalhador: "No princípio, criou Deus os céus e a terra." Havia muito trabalho a ser feito, porque "a terra, porém, estava sem forma e vazia" (v. 2). Desse ponto em diante até Gênesis 2:1, temos um "diário de trabalho", se é que você me permite chamá-lo assim, descrevendo a obra da criação de Deus. Quando o trabalho foi concluído, Deus "descansou de toda a *obra* que, como Criador, fizera" (Gênesis 2:3, grifo meu).

Deus exemplificou para todos, e para sempre, a dignidade inerente ao trabalho. Depois que criou o universo, Ele fez sua última obra de arte – "Criou Deus, pois, o homem à sua imagem" (Gênesis 1:27) e instruiu o homem a...

... encher a terra e sujeitá-la (1:28),

... dominar todos os seres vivos (1:28),

... cultivar e guardar o Jardim do Éden (2:15) e

... dar nome a todos os animais (2:19-20).

Pelo relato da criação, vemos que, quando Deus criou o homem à sua imagem, esse homem, semelhante ao próprio Deus, deveria ser um trabalhador. Todo o trabalho da criação feito por Deus e todo o trabalho do homem para cuidar do jardim foram realizados antes da queda do homem e da maldição!

Portanto, a ideia de que o trabalho é consequência do pecado não é verdadeira. A verdade é que, como resultado da desobediência de Adão e Eva e da introdução do pecado no mundo, o nosso trabalho tornou-se mais difícil! Deus disse a Adão: "No suor do rosto comerás o teu pão" (Gênesis 3:19).

O trabalho é a regra

Ao longo de toda a Bíblia, vemos o trabalho como parte normal e natural da vida do homem. O livro de Provérbios, no Antigo Testamento, contrasta o trabalho e aqueles que trabalham com aqueles que não trabalham ou que não querem trabalhar e apresenta as consequências de sua falta de diligência. Por exemplo:

> O que lavra a sua terra será farto de pão, mas o que corre atrás de coisas vãs é falto de senso (12:11).
>
> Em todo trabalho há proveito; meras palavras, porém, levam à penúria (14:23).

> Vês a um homem perito na sua obra? Perante reis será posto; não entre a plebe (22:29).

No Novo Testamento, o apóstolo Paulo ensina, por meio de exemplos de sua vida, o que significa ser um missionário esforçado, que exerce duas profissões:

O exemplo de Paulo – Veja como Paulo se defende contra as acusações de que ele estava usando o ministério para lucro pessoal.

> pois vós mesmos estais cientes do modo por que vos convém imitar-nos, visto que nunca nos portamos desordenadamente entre vós, nem jamais comemos pão à custa de outrem; pelo contrário, em labor e fadiga, de noite e de dia, trabalhamos, a fim de não sermos pesados a nenhum de vós (2Tessalonicenses 3:7-8).

A exortação de Paulo – Depois de ter exemplificado o que significa ser um trabalhador esforçado, Paulo relembra estes padrões aos homens da igreja:

> Porque, quando ainda convosco, vos ordenamos isto: se alguém não quer trabalhar, também não coma (2Tessalonicenses 3:10).

O incentivo de Paulo – A seguir, Paulo incentiva todos os homens a arregaçar as mangas e a começar a trabalhar:

> Pois, de fato, estamos informados de que, entre vós, há pessoas que andam desordenadamente, não trabalhando; antes, se intrometem na vida alheia. A elas, porém, determinamos e exortamos, no Senhor

> Jesus Cristo, que, trabalhando tranquilamente, comam o seu próprio pão (2Tessalonicenses 3:11-12).

Paulo trabalhava. E trabalhava com afinco, horas a fio. Esperava que todos os homens fizessem o mesmo! Essa é a regra. Quando você pensa em seus hábitos de trabalho, o que acha deles?

O trabalho é benéfico

Amigo, é óbvio que Deus nos criou para sermos trabalhadores. Ele sabe que nossa estrutura física e mental se aperfeiçoa com o trabalho. Portanto, Ele ordena que trabalhemos para suprir as necessidades de nossa família. Essa, portanto, passa a ser mais uma das prioridades de que estamos falando. Um homem segundo o coração de Deus ama e obedece a Deus, ama e lidera sua esposa, ama e cuida de seus filhos e trabalha para suprir as necessidades da família.

A prioridade do trabalho é confirmada na Bíblia, versículo após versículo. Deus sabe o que é melhor para nós, homens. Será que você ficaria surpreso se descobrisse que nossa obediência em relação ao trabalho também traz benefícios à nossa saúde?

É verdade. Está comprovado cientificamente que o trabalho físico e mental nos ajuda a permanecer sadios e produtivos! Por volta do ano 400 a.C., Hipócrates, o pai da medicina, declarou: "Todas as partes do corpo designadas a ter uma função definida são mantidas sadias, em franco desenvolvimento e em pleno viço, por meio do desempenho daquela função, por meio de exercícios apropriados dentro da finalidade para a qual elas foram criadas."[32] E, nos dias de hoje, o Dr. Charles Mayo, da famosa Clínica Mayo, com base na afirmação de Hipócrates, diz que "a preocupação [...] afeta profundamente a saúde". O Dr. Mayo complementa: "Jamais conheci um homem que tenha morrido por excesso de trabalho."[33]

O trabalho é definitivamente benéfico. Esse fato é confirmado pelas estatísticas das empresas de seguro, que revelam que grande porcentagem de homens morre no primeiro ano após a aposentadoria.

O trabalho como um chamado

O que você imagina quando ouve a palavra *chamado*? Quase todos nós pensamos imediatamente em alguma forma de ministério vocacional. Geralmente ouvimos um pastor ou missionário dizer: "Fui chamado para o ministério." O apóstolo Paulo refere-se a si mesmo como tendo sido "chamado" para ser apóstolo de Jesus Cristo (1Coríntios 1:1). E se eu lhe dissesse, amigo, que sua vocação – o trabalho que você realiza hoje – também é um chamado?

O dicionário Webster define a palavra *vocação* como sendo derivada da palavra latina *vocatio*, que significa "um chamado". E a palavra em inglês significa "um chamado ou uma convocação"; especificamente "um chamado para determinada situação, determinado negócio ou uma determinada profissão". Assim como um pastor ou um missionário serve a Deus com entusiasmo por ter recebido um "chamado", nós também devemos servir a Deus com entusiasmo em nosso trabalho, ou nosso chamado.

Tive muitos "chamados" em minha vida. Um deles foi o chamado para o ministério. Cheguei até a escrever um capítulo sobre o chamado para o ministério num livro que trata de ministérios pastorais:[34] Porém, assim como o apóstolo Paulo, que foi missionário *e* fazedor de tendas, para sustentar minha família eu trabalhei como farmacêutico, reservista do Exército, vendedor de produtos farmacêuticos *e* pastor. E, também como Paulo, eu considerava todas essas funções como um chamado de Deus.

Precisamos deixar de lado o mito de que, para assumir um compromisso com Cristo, devemos ser pastor ou missionário.

Esse não é o caso. O trabalho realizado numa igreja ou organização eclesiástica não torna ninguém mais santo nem mais fervoroso do que aqueles que trabalham em uma fábrica, em um escritório no centro da cidade ou em um estúdio particular. Nosso ambiente ou tipo de trabalho não é importante para Deus. O importante é fazer a vontade dele (Romanos 12:2). Devemos considerar nossa vocação – seja a de pintor ou de encanador, de soldado ou de mecânico, de professor ou de técnico – não apenas como um trabalho, mas como um chamado, especial de Deus.

Seja um embaixador no trabalho

Conheci o "embaixador" Jule em um hotel de Chicago, quando ele e eu estávamos entrando juntos no elevador. Jule estava naquela cidade para participar de uma reunião de negócios, e Elizabeth e eu estávamos de saída para uma conferência. Trocamos gentilezas enquanto o elevador descia até o saguão do hotel. Naquela noite, Jule aproximou-se de nossa mesa, no restaurante, e voltou a se apresentar depois de ter visto minha esposa e eu orando antes de jantar. Daquele encontro "casual" surgiu uma amizade maravilhosa que perdura até hoje, depois de muitos anos.

Jule é um verdadeiro embaixador de Cristo no trabalho. Ele gosta muito de falar de sua fé. Dirige um estudo bíblico na hora do almoço e distribui gratuitamente Bíblias e literatura cristã entre pessoas interessadas. Recentemente, Jule enviou-me um livro escrito por um amigo seu, intitulado *Transforming Your Workplace for Christ* [Transformando seu local de trabalho para Cristo]. (Isso mostra o tipo de embaixador que meu amigo Jule é!) Na introdução do livro, o autor, William Nix, faz a seguinte afirmação:

> Sua vida pode ser marcada pelo ministério. Tenha o propósito de tentar transformar seu local de trabalho para Cristo [...] Quando você honra a Deus, conquistando seu local de trabalho para Cristo, três coisas acontecem:
>
> - Você se sente realizado como nunca.
> - Seus colegas de trabalho são atraídos a você.
> - Seu relacionamento com Deus cresce para um novo nível de entusiasmo:[35]

Da mesma forma que meu amigo Jule e como William Nix, você, que é um homem segundo o coração de Deus, deve considerar-se embaixador de Cristo em seu local de trabalho (2Coríntios 5:20). Embaixador é uma pessoa que representa outra. Um embaixador junto a outro país é uma pessoa muito especial e influente e deve ser um representante digno de seu país. Ser embaixador de Cristo é missão mais importante ainda. Portanto, você e eu devemos representar Cristo dignamente em qualquer lugar, *principalmente* no trabalho. Somos representantes do Deus vivo em nossa profissão, seja ela qual for.

Você se considera embaixador de Cristo? Deveria, porque de fato é. Que espécie de embaixador é você? O apóstolo Paulo comentou sobre algumas pessoas que não estavam sendo bons embaixadores de Cristo na comunidade: "Pois, de fato, estamos informados de que, entre vós, há pessoas que andam desordenadamente, não trabalhando; antes, se intrometem na vida alheia" (2Tessalonicenses 3:11). Em seguida, Paulo complementa: "A elas, porém, determinamos e exortamos, no Senhor Jesus Cristo, que, trabalhando tranquilamente, comam o seu próprio pão" (v. 12).

Não devemos ser conhecidos como pessoas que se intrometem na vida de nossos colegas de trabalho! Ao contrário, devemos ser conhecidos como bons embaixadores de Cristo!

Glorifique a Deus no trabalho

Você e eu, como homens cristãos, recebemos o chamado para servir a Deus e glorificá-lo (1Coríntios 10:31). A pergunta é: onde? A resposta dependerá de nossos talentos e habilidades naturais, bem como de nossa capacitação espiritual. Alguns homens têm uma habilidade natural para trabalhar com as mãos, em fábricas, construções ou obras de arte. Outros se destacam por serem criativos e capazes de resolver problemas burocráticos. Existem várias maneiras de levar adiante uma vocação ou um chamado. Se você está tentando descobrir em que lugar se encaixa, peça a ajuda de um líder de sua igreja ou de um consultor de recursos humanos.

Independentemente do que você está fazendo ou aprendendo a fazer, considere esse trabalho como uma oportunidade de honrar e de glorificar a Deus. Que diferença você sentirá ao acordar todas as manhãs sabendo que tem a honra de servir ao Deus vivo em seu local de trabalho e, ali, ser seu embaixador!

Seja um vencedor

Obrigado por acompanhar-me enquanto estudamos a Bíblia para conhecer a perspectiva de Deus sobre o trabalho. Você e eu precisamos nos lembrar todos os dias de que o trabalho é a regra, de que o trabalho é benéfico, de que nosso trabalho é um chamado, de que somos embaixadores de Cristo no emprego, de que nosso trabalho é mais uma forma de glorificarmos a Deus. Há muitas outras coisas para aprendermos sobre como ser um homem segundo o coração de Deus em nosso local de trabalho. Abordaremos esses princípios no próximo capítulo. Por ora, quero deixar com você estes pensamentos que ensinam como ser um vencedor.

••••••••

O Vencedor

O Vencedor respeita seus superiores e tenta aprender com eles; o Perdedor ofende-se com seus superiores e busca falsas razões para as vitórias que eles alcançam.

O Vencedor explica; o Perdedor apresenta justificativas.

O Vencedor diz: "Vamos encontrar uma saída"; o Perdedor diz: "Não temos saída."

O Vencedor enfrenta o problema; o Perdedor contorna o problema.

O Vencedor diz: "Deve existir uma forma melhor de fazer isto"; o Perdedor diz: "É desta forma que isto sempre foi feito aqui."

O Vencedor demonstra que lamenta o erro que cometeu e repara-o; o Perdedor diz: "Sinto muito", mas comete o mesmo erro na próxima vez.

O Vencedor sabe pelo que deve lutar e pelo que deve empenhar-se; o Perdedor empenha-se por aquilo que não deveria e luta por coisas pelas quais não vale a pena lutar.

O Vencedor trabalha com mais afinco que o perdedor e dispõe de mais tempo; o Perdedor está sempre "muito atarefado" para fazer o que é necessário.

O Vencedor não tem medo de perder; o Perdedor sente um medo secreto de vencer.

O Vencedor assume compromissos; o Perdedor faz promessas:[36]

••••••••

Quando você vai para o trabalho, pode optar por uma entre duas atitudes: ir buscando extrair *de seu trabalho tudo o que for possível para o seu próprio bem-estar. Essa atitude dá a entender que a empresa e os funcionários estão ali para servi-lo. Ou você pode ir, procurando responder a esta pergunta: : "O que eu posso* acrescentar *a esta empresa ou a este trabalho?"*

– Jim George

12
Um coração que glorifica a Deus no trabalho – Parte 1

E tudo quanto fizerdes, seja em palavra,
seja em ação, fazei-o em nome do Senhor Jesus...
– Colossenses 3:17

Faz algum tempo que não falamos de nosso herói, o rei Davi. A constante premissa proposta por este livro é que Davi era um homem segundo o coração de Deus e que fazia a vontade de Deus. O desejo constante de Davi era obedecer a Deus. Mas nem sempre ele fez isso. Neste capítulo, vamos analisar o comportamento de Davi numa das ocasiões em que, embora o seu espírito se mostrasse pronto, sua carne mostrou-se fraca (Mateus 26:41).

As armadilhas que conduzem ao fracasso

Quando lemos sobre os fracassos de Davi, geralmente somos capazes de imaginar qual foi a causa do problema. Por exemplo, vamos analisar o que aconteceu quando Davi cometeu adultério com Bate-Seba e ver o que podemos aprender com os seus erros.

Davi era indolente – Nos tempos de Davi, as guerras eram sazonais. As batalhas eram travadas em períodos de clima ameno, geralmente a partir da primavera até o outono. No momento em que retomamos nossa narrativa, vemos que essa afirmação tem fundamento:

> Decorrido um ano, no tempo em que os reis costumam sair para a guerra, *enviou Davi a Joabe*, e seus servos, com ele, e a todo o Israel, que destruíram os filhos de Amom e sitiaram Rabá; porém *Davi ficou* em Jerusalém (2Samuel 11:1, grifo meu).

Em vez de se reunir a seus homens no campo de batalha, Davi decidiu ficar em casa.

Davi era sensual – Estou certo de que você conhece este ditado: "Mente vazia é oficina do diabo." Parece que a mente vazia de Davi contribuiu para um trágico episódio em sua vida. Como notamos, Davi não estava onde deveria estar. Como rei, ele tinha a obrigação de comandar seu exército na batalha. Mas ele não fez isso. E, num episódio marcado por lascívia e sensualidade, vemos a consequência da atitude negligente de Davi.

> Uma tarde, levantou-se Davi do seu leito e andava passeando no terraço da casa real; daí viu uma mulher que estava tomando banho; era ela mui formosa. Davi mandou perguntar quem era [...] Então, enviou Davi mensageiros que a trouxessem; ela veio, e ele se deitou com ela [...] A mulher concebeu e mandou dizer a Davi: Estou grávida (2Samuel 11:2-5).

Davi desonrou a Deus – Davi não teria se metido nessa encrenca se estivesse em seu posto de trabalho, comandando seu exército. Em consequência, a mulher foi desonrada e seu marido enviado, propositadamente, para ser morto na batalha (2Samuel 11:14-15). Deus não foi honrado, de maneira alguma, com esses terríveis atos de Davi. O profeta Natã disse que as ações de Davi tiveram resultados opostos: "posto que com isto deste motivo a que blasfemassem os inimigos do Senhor" (2Samuel 12:14). Ao receber a reprimenda de Natã, Davi caiu em si e reconheceu que havia pecado contra Deus. Sim, outras pessoas sofreram as consequências, mas as ações de Davi desonraram a Deus e a reputação do Senhor diante do mundo pagão. Davi sabia que suas ações pecaminosas atingiram um Deus santo, porque ele reconheceu com o coração cheio de remorso: "Pequei contra o Senhor" (2Samuel 12:13).

Este sórdido exemplo da vida de Davi ensina que devemos nos acautelar contra a indolência, a sensualidade pecaminosa e a desonra a nosso Senhor. Colossenses 3:17 diz que devemos glorificar a Deus em tudo o que fizermos. Amigo, como cristãos, você e eu representamos Jesus Cristo em todos os lugares – inclusive em nosso local de trabalho. Quando não o representamos dignamente, nós, da mesma forma que Davi, desonramos a Deus e damos motivo para que seu nome seja blasfemado.

Se você for como a maioria dos homens, deve passar grande parte de sua vida no trabalho. Portanto, precisa fazer de seu local de trabalho uma plataforma para honrar a Deus e dar motivos para que o nome dele seja louvado. Aqui estão cinco princípios que nos levam a glorificar a Deus no trabalho.

Os princípios que conduzem ao sucesso

Princípio nº 1: Seja diligente

Ao longo de anos de trabalho, o apóstolo Paulo instruiu e orientou muitos jovens. Um deles foi Timóteo. Timóteo aparece pela primeira vez na Bíblia em Atos 16:1Como um jovem que acabara de entrar para o ministério. Quinze anos depois, Timóteo aparece como pastor da igreja de Éfeso.

Quando Paulo escreveu a Timóteo a respeito de seus deveres pastorais, ele disse: "Procura apresentar-te a Deus aprovado, como obreiro que não tem de que se envergonhar" (2Timóteo 2:15). Em outras palavras, Timóteo deveria fazer todos os esforços possíveis para não ter do que se envergonhar – não perante seu conselheiro, Paulo, mas perante Deus, a quem Timóteo estava realmente servindo. Timóteo deveria ser diligente no trabalho para que foi chamado – pregar e doutrinar – para não envergonhar o Senhor.

Amigo, Deus também está pedindo a você e a mim que tenhamos o mesmo coração diligente e que sejamos os melhores em tudo o que fizermos. Por quê? Aqui estão algumas razões:

- Nós glorificamos a Deus *quando* fazemos o melhor que podemos.
- Nós somos representantes do Senhor Jesus; *portanto, fazemos* o melhor que podemos.
- Nós servimos ao Senhor e não aos homens; *por isso,* fazemos o melhor que podemos.
- Nós somos um exemplo vivo de nosso Salvador ressurreto quando fazemos o melhor que podemos.
- Nós suprimos as necessidades de nossa família, *à medida que* fazemos o melhor que podemos.

No decorrer dos anos, tive a oportunidade de visitar 15 vezes a Índia em missão pastoral. A Índia é um país fascinante e singular, com uma imensa população que necessita de Jesus Cristo. Em razão de meu profundo interesse pela Índia, meus olhos foram atraídos para esta história que fala da diligência que devemos ter no trabalho para o qual Deus nos chamou.

Um missionário da Índia contou a história de um oficial do exército que parou na rua para ter os sapatos engraxados por um menino pobre. O menino dedicou-se à tarefa com tanto entusiasmo e energia que o oficial ficou visivelmente surpreso. Em vez de executar o trabalho às pressas e estender a mão com avidez para receber uma gorjeta, o menino empenhou-se diligentemente até deixar os sapatos do oficial reluzentes.

O oficial perguntou:

– Por que você está polindo tanto os meus sapatos?

– Bem, senhor – foi a resposta –, na semana passada Jesus entrou em meu coração e agora eu pertenço a Ele. Desde aquele dia, todas as vezes que eu engraxo os sapatos de alguém, imagino que os sapatos são dele, e por isso faço o melhor que posso. Quero que Ele fique satisfeito!

Será que a diligência que você demonstra em seu trabalho é igual à que foi demonstrada por esse menino? Você está disposto a chegar ao ponto de engraxar sapatos para a glória de Deus e agradar àquele que morreu em seu lugar? Depois do que Cristo fez por você e por mim, como podemos deixar de oferecer a Ele o melhor que temos?

Princípio nº 2: Seja um servo

Já mencionei o fato de ter trabalhado como vendedor. Enquanto ocupava essa função, fui convidado a participar de um programa de treinamento administrativo no escritório central da empresa farmacêutica da qual eu era um funcionário. Nas reuniões, fui incluído em um grupo com outros vendedores que postulavam o cargo de gerente. Foi-nos apresentado um problema para resolvermos. Se você já participou de um encontro desse tipo, é capaz de visualizar a cena. Cada um de nós queria demonstrar, para os chefes, sua excelente capacidade administrativa.

Não estou dizendo que a experiência foi negativa; os candidatos ao cargo de gerente necessitam aprender a trabalhar em conjunto para resolver problemas e assumir liderança. Mas, ao mesmo tempo, estou dizendo que, como trabalhadores cristãos, devemos dar um passo a mais para fazer um trabalho excelente o tempo todo – não apenas quando os chefes estão nos observando. Como cristãos, devemos enfrentar *tudo* na vida com a atitude de servo, inclusive no ramo de negócios, de administração ou qualquer outro tipo de trabalho. Acredito que Jesus nos dá orientação para nossa missão de servos.

Jesus, o servo exemplar – O próprio Senhor Jesus exemplifica o tipo de servos que devemos ser. Mais ou menos uma semana antes de sua morte, Jesus e seus discípulos estavam a caminho de Jerusalém. Durante aquela jornada, dois de seus discípulos, Tiago e João, pediram para ocupar posições de destaque no reino. Esta foi a resposta de Jesus:

> Sabeis que os governadores dos povos os dominam e que os maiorais exercem autoridade sobre eles. Não é assim entre vós; pelo contrário, quem quiser tornar-se grande entre vós, será esse o que vos sirva; e quem quiser ser o primeiro entre vós, será vosso servo; tal como o Filho do homem, que não veio para ser servido, mas para servir e dar a sua vida em resgate por muitos (Mateus 20:25-28).

Você quer ser grande – no bom sentido, certo? A verdadeira liderança não é determinada por predominância ou primazia. Jesus foi o maior líder de todos os tempos... e, mesmo assim, foi servo de todos.

Siga o exemplo de Jesus – Que tal seguir o exemplo de Jesus e ter a atitude de servo para com aqueles com quem você trabalha? (E não se esqueça – servir aos outros é uma das marcas de um homem piedoso.) Aqui estão algumas sugestões para você tornar-se servo no trabalho:

- Disponha-se a ter uma atitude de servo.
- Disponha-se a favorecer os outros.

- Disponha-se a elogiar os outros.
- Disponha-se a incentivar os outros.
- Disponha-se a pedir, em vez de mandar.
- Disponha-se a oferecer, em vez de tomar.

Quando você for para o trabalho, poderá optar por uma entre duas atitudes: Poderá ir, buscando extrair tudo o que for possível para o seu próprio bem-estar. Essa atitude dá a entender que a empresa e os funcionários estarão ali para servi-lo. Ou você poderá ir, procurando responder a esta pergunta: "O que eu poderei acrescentar a esta empresa ou a este trabalho?" Essa última atitude visará a melhorar a organização – promover um ambiente de trabalho mais agradável. Com ela, as outras pessoas serão incentivadas a viver melhor e a ter uma vida mais satisfatória. A função de servo inclui o interesse por tornar melhor a vida dos outros.

Princípio nº 3: Seja um aprendiz

Você se lembra do epitáfio no túmulo do cientista mencionado no capítulo 1? – "Ele Morreu Aprendendo". Bem, amigo, esse também deve ser o nosso lema. Você e eu devemos morrer aprendendo. Infelizmente, muitos homens praticam o inverso desse lema: "Prefiro morrer a aprender!" Eles aguardam ansiosamente o dia da formatura para que possam embarcar na "vida real". Ou, então, fazem o mínimo esforço necessário só para ter um diploma. Esses homens têm poucas opções de fazer carreira, porque não querem continuar a aprender!

Mas eu também preciso admitir que conheço muitos homens que chegaram a ocupar os primeiros postos de uma empresa ou fábrica com apenas um mínimo de escolaridade. Estou certo de que você também conhece alguns. (Talvez você seja um deles.) Porém, se você olhar mais atentamente para esses homens, descobrirá que todos continuaram a estudar – talvez não de maneira formal, mas informalmente. Em outras palavras, continuaram a aprender por conta própria, e este é o motivo do seu progresso. É a isso que me refiro quando digo que você deve ser um aprendiz. O aprendizado não se limita a escolas e a livros de estudo! O aprendizado tem a ver com evolução contínua. Eu vejo o aprendizado desta maneira:

- O aprendizado é um estado de espírito, uma atitude.
- O aprendizado é progressivo – consolida-se em si mesmo.
- O aprendizado não depende de QI.
- O aprendizado não faz distinção de nacionalidade.
- O aprendizado não exige educação formal em sala de aula.
- O aprendizado nem sempre oferece diploma.
- O aprendizado não exige diploma.
- O aprendizado é uma ordem bíblica (2Pedro 3:18).
- O aprendizado é uma constante na vida do homem segundo o coração de Deus.

Quero lembrá-lo novamente de que estamos falando de glorificar a Deus no trabalho. Já discorremos sobre diligência. Discorremos, também, sobre a necessidade de *fazer* o melhor. E o aprendizado é parte desse melhor. À medida que você aprende, está buscando mais capacidade para *fazer* o melhor e para *ser* o melhor.

Aqui estão algumas sugestões simples para um aprendizado contínuo:

Aprenda a ler ou a ler melhor – A maioria dos homens lê pouco... ou não lê nada. As pesquisas revelam que apenas 5% dos livros cristãos são comprados por homens, e essa porcentagem era de 15% dez anos atrás. Irmão, se isso for verdade, estamos caminhando na contramão no que se refere à leitura! Ler é a janela para o aprendizado. A leitura nos põe em contato com o mundo, com o conhecimento e com a experiência de outras pessoas. E como podemos ser bons leitores?

A melhor maneira de ser um bom leitor é ler, ler, ler e ler cada vez mais! Assim como qualquer outra habilidade (ou paixão), com o passar do tempo a leitura o tornará um leitor cada vez melhor. Conheço homens que não leram nenhum livro durante anos! Mas, assim que compreenderam a importância da leitura, alguns deles estabeleceram a meta de ler um livro por mês. (Isso talvez não impressione um leitor voraz, mas para muitos homens significa um passo gigantesco!)

Quando os crentes piedosos de minha igreja começaram a ajudar-me a ser um homem segundo o coração de Deus, eu notei que eles estavam sempre lendo. Em minha ânsia de crescer e competir com eles, pedi sugestões sobre o que eu deveria ler. Você pode fazer o mesmo. Que tal pedir aos líderes de sua igreja que lhe forneçam uma lista de livros para que você também possa dar os primeiros passos no aprendizado da liderança? Dizem que "cada leitor é um líder, e cada líder é um leitor".

E não se esqueça – o primeiro livro que você deve ler é a Bíblia. Leia-a um pouco por vez, de capa a capa, e releia-a pelo resto da vida. (A título de orientação, veja a programação de leitura no final deste livro.)

Aprenda a fazer perguntas – Não quaisquer perguntas, mas perguntas proveitosas – perguntas que aumentarão o seu conhecimento a respeito do assunto sobre que você está indagando. Lembre-se de que você é um aprendiz, o que significa que qualquer pessoa tem algo para lhe ensinar. Escolha pessoas, de fora ou de dentro do trabalho, para serem seus professores. Elas são especialistas em *alguma coisa*. Descubra os assuntos que elas conhecem a fundo e aprenda com essas pessoas. Não existe essa coisa de pergunta tola, portanto não tenha receio de perguntar. Uma pergunta que nunca foi formulada é uma informação que nunca foi aprendida. Faça perguntas... e você aprenderá alguma coisa que lhe será de grande benefício.

Aprenda com as experiências dos outros – Dizem que a pessoa que depende exclusivamente das próprias experiências tem pouco material em mãos com que trabalhar. Portanto, eu repito: faça perguntas e aprenda com as experiências de qualquer pessoa que esteja disposta a ensiná-lo. Infelizmente, você não pode fazer perguntas a grandes homens e mulheres do passado. Mas você pode ler suas biografias. Pode extrair lições das vitórias por eles alcançadas e evitar cometer os erros que eles praticaram. E (novamente) não se esqueça de sua Bíblia. A Bíblia é o melhor livro para aprender com as experiências dos outros. (Pense no quanto já aprendemos com os acertos... e com os erros... de Davi!) A Bíblia deve ser seu principal livro de estudos para viver e para aprender.

Aprenda para evoluir – A essa altura da vida e de sua carreira, você deve estar se sentindo um tanto satisfeito com seu nível de conhecimento e de desempenho no trabalho. Talvez esteja refletindo sobre sua posição na empresa e se sentindo orgulhoso por ter chegado tão longe. Não faz muito tempo que você começou, numa posição bem inferior, e agora se sente preparado para acomodar-se e colocar a vida no piloto automático. Ou, conforme um homem disse com muita sabedoria, "você está pronto para voltar para casa". Oro para que esse não seja o seu caso. Oro para que você nunca pare de aprender. Para ter certeza de que você continua a aprender, faça este "autoexame" diariamente:

- Pergunte a si mesmo: "O que eu posso aprender *hoje*?"
- Pergunte a si mesmo: "Com quem eu posso aprender *hoje*?"
- Pergunte a si mesmo: "Como posso evoluir em algum aspecto de meu trabalho ou de minha vida *hoje*?"

Pergunte a si mesmo: "Existe algum tipo de treinamento que eu necessite fazer para realizar melhor o meu trabalho atual ou preparar-me para o próximo?"

Estou rindo enquanto escrevo isso, porque tanto na faculdade de farmácia como no seminário tive professores que nos aplicavam testes todos os dias! E aqueles foram os professores que me levaram à máxima evolução... e aquelas foram as aulas em que mais eu aprendi. Espero que este autoexame diário o ajude também a evoluir!

Um dos generais da Segunda Guerra Mundial que mais aprecio é Douglas MacArthur. Ele era um soldado simples e objetivo que fazia muitas perguntas sobre si mesmo a seus homens. Veja o que ele disse sobre a vida e o aprendizado:

> A vida é um processo constante de transformação. Se você não acrescentou nada a seus interesses no ano passado, se está pensando nas mesmas coisas, relatando as mesmas experiências pessoais, tendo as mesmas reações previsíveis – sua personalidade já atingiu o ponto de *rigor mortis*.[37]

Para sua informação, *rigor mortis* é o que acontece com seu corpo quando você morre! Não permita que este epitáfio seja escrito a seu respeito:

Aqui jaz ___________.
Ele parou de aprender aos ___ anos.
Morreu na ignorância muitos anos depois.

Depois de assimilar tudo o que dissemos sobre diligência, atitude de servo e aprendizado, depois de ter glorificado a Deus, talvez o seu epitáfio possa ser este:

(Seu nome) morreu aprendendo...
... para a glória de Deus!

Nós necessitamos de um trabalho ético, que seja inspirado pela Palavra de Deus e praticado religiosamente no local de trabalho e na igreja [...] nossa maneira de trabalhar revela não apenas quem *somos, mas determina* o que *somos*.[38]

– Kent Hughes

13
Um coração que glorifica a Deus no trabalho – Parte 2

Tudo quanto fizerdes, fazei-o de todo o coração,
como para o Senhor e não para homens [...]
A Cristo, o Senhor, é que estais servindo.
– Colossenses 3:23-24

Gosto muito de estudar a vida dos homens piedosos da Bíblia e de transmitir ensinamentos a respeito deles. Esses homens mostram o que significa ser um homem segundo o coração de Deus. Também gosto muito de ler sobre Paulo (o que você já deve ter percebido). Paulo era um homem segundo o coração de Deus. E gosto muito de aprender com a vida de Davi, o "primeiro" homem segundo o coração de Deus. Porém, no decorrer de um estudo sobre os casais da Bíblia, conheci outro homem que se tornou um dos meus personagens favoritos: Boaz.

Não, Boaz não era um rei.

Não, Boaz não era um apóstolo.

Boaz era um homem comum, mais ou menos como você e eu, que se levantava todos os dias para trabalhar. Ele era um proprietário de terras muito trabalhador que se tornou marido de Rute... e bisavô de Davi. (Ah, agora descobrimos a genealogia de Davi! Seu bisavô também foi um homem segundo o coração de Deus!) Observe atentamente esta lista de virtudes demonstradas na vida irrepreensível de Boaz e seus hábitos de trabalho. Ele era:

- *Diligente* – Boaz é descrito como um "senhor de muitos bens" (Rute 2:1), e, no livro de Rute, vemos que ele cuidava de sua propriedade com muito zelo e carinho.
- *Cordial* – Boaz cumprimentava seus empregados com cordialidade e chegou a dar as boas-vindas a uma estrangeira chamada Rute (Rute 2:4,8).
- *Compassivo* – Ao notar que Rute trabalhava nos campos de sua propriedade, Boaz perguntou quem ela era e ajudou-a (2:7).
- *Piedoso* – Boaz pediu a Jeová que abençoasse Rute quando ela retornou para cuidar de Noemi, sua sogra viúva (2:12).
- *Incentivador* – Boaz reconheceu as fortes qualidades de Rute e destacou-as para ela, a fim de animá-la (2:12; 3:11).
- *Generoso* – Rute necessitava de dinheiro e estava disposta a trabalhar para ganhá-lo. Boaz lhe deu grãos extras colhidos de suas plantações (2:15).
- *Bondoso* – Quando Rute relatou, para sua sogra, o que Boaz tinha feito por ela, Noemi orou a Deus agradecendo a bondade divina, demonstrada a ambas por meio de Boaz (2:20).
- *Discreto* – Boaz demonstrou uma sábia discrição ao tirar Rute da eira e mandá-la de volta para casa antes de o dia clarear (3:14).
- *Fiel* – Cumprindo sua promessa a Rute, Boaz "recorreu ao tribunal" para conseguir casar com ela (4:1-12).

Os princípios sobre os quais discorremos a respeito de nosso trabalho – ser diligente, ser servo, ser aprendiz – faziam parte da vida de Boaz. Você não será um "senhor de muitos bens" – ou um homem segundo o coração de Deus – se não aplicar esses princípios à sua vida!

É bom ver o exemplo de Boaz, não? Agora vamos analisar mais dois princípios para glorificar a Deus no trabalho.

Princípio nº 4: Contente-se com o que tem

Contentar-se com aquilo que se tem parece uma virtude perdida. Vivemos numa sociedade insaciável. Os comerciais de TV apregoam: "Você precisa ter este carro!" Os cartazes de rua acenam: "Você precisa de umas férias no Caribe!" Nossa sociedade consumista nos induz a nos sentirmos insatisfeitos com o que temos, levando-nos a querer o que não temos.

Agora você deve estar pensando: *O Jim não acabou de dizer para eu não me acomodar? Ele não disse que nunca devo contentar-me com minha situação atual, mas que devo estar sempre me instruindo, aprendendo e crescendo?* Sim, eu disse. Mas lembre-se do contexto de minha exortação: *Glorifique a Deus no trabalho.* O descontentamento em relação à glória de Deus é diferente do descontentamento em relação à sua própria glória ou à ganância, meu amigo. Em seu livrete intitulado *The Rare Jewel of Christian Contentment* [A joia rara do contentamento cristão], o puritano inglês Jeremiah Burroughs explica o descontentamento desta maneira:

> Pode-se dizer que um indivíduo contente à maneira cristã é o homem mais contente do mundo e, ao mesmo tempo, o homem mais descontente do mundo; estas duas imposições juntas necessitam ser misteriosas:[39]

A filosofia de Paulo sobre o contentamento – O apóstolo Paulo oferece palavras de estímulo quando o assunto é contentamento. Não há dúvida de que Paulo foi um grande homem. Ele foi o responsável por grande parte do que conhecemos sobre o

Cristianismo. Ele era o tipo de homem que queria ter "lugares aonde ir e pessoas para conhecer". Era um cristão "insatisfeito", conforme Jeremiah Burroughs descreveu na citação acima. Paulo tinha paixão por viajar e divulgar o evangelho, mas Deus o colocou na prisão por várias vezes. Aquilo deve ter sido muito difícil para ele! Um homem dinâmico sentado confinado em um cárcere! Porém, mesmo algemado, Paulo escreveu várias cartas que se tornaram livros da Bíblia. Você e eu devemos ser agradecidos a Deus por Ele ter deixado Paulo permanecer na prisão, dando-lhe tempo para pensar e escrever.

Durante uma dessas "tarefas na prisão", Paulo escreveu a seus amigos da cidade de Filipos agradecendo a generosidade daquelas pessoas enquanto ele estava na prisão. Mas Paulo também diz que, mesmo que elas não tivessem sido generosas, não haveria problema. Ele sabia se contentar com o que tinha:

> Digo isto, não por causa da pobreza, porque aprendi a viver contente em toda e qualquer situação. Tanto sei estar humilhado como também ser honrado; de tudo e em todas as circunstâncias, já tenho experiência, tanto de fartura como de fome; assim de abundância como de escassez (Filipenses 4:11-12).

Como Paulo pôde escrever isso? Como Paulo poderia estar contente? Ele estava na prisão, com possibilidade de ser executado! Nunca devemos nos esquecer da resposta: Paulo estava contente porque *seu contentamento baseava-se na confiança* – confiança naquele que podia suprir suas necessidades e fortalecê-lo (Filipenses 4:13).

O contentamento de Paulo não se baseava na *provisão*. Baseava-se em uma pessoa – a *Pessoa* de Jesus Cristo. Paulo termina a carta a seus amigos filipenses com estas palavras de confiança: "E o meu Deus, segundo a sua riqueza em glória, há de suprir, em Cristo Jesus, cada uma de vossas necessidades" (Filipenses 4:19).

Meu irmão em Cristo, esta também deve ser a nossa filosofia sobre o contentamento. Se Deus pode suprir, se Ele quer suprir e se Ele supre todas as nossas necessidades, devemos estar contentes. Trata-se de um contentamento bíblico, à maneira de Deus!

Outro conselho de Paulo sobre o contentamento – Amigo, se você não está contente com seu trabalho, Paulo lhe dá mais um conselho em 1Coríntios 7. Seu conselho fundamental é que nosso contentamento deve basear-se em nossa *posição* em Cristo, não em nossa *condição* pessoal.

Se você está descontente com seu trabalho, talvez não se sinta animado a executá-lo. Você pode estar "disfarçando" um descontentamento. Mas tenha certeza de que isso prejudicará seu desempenho. E, com o passar do tempo, esse desânimo e essa conduta desonrarão a Deus. Sugiro que você faça continuamente estas perguntas a si mesmo sobre seu trabalho... e seu coração!

1. *Por que estou trabalhando aqui?* Se você julga que seu emprego é um chamado de Deus, deve considerá-lo um ministério e um "sacrifício vivo, santo e agradável a Deus" (Romanos 12:1).

2. *Para quem estou trabalhando?* Você está trabalhando para Deus ou para homens? Quando você serve a Deus, está livre para servir a outras pessoas (Princípio nº 2), mesmo que elas não lhe agradeçam.

3. *Para que estou trabalhando?* Para ganhar dinheiro? Prestígio? Poder? Se você está trabalhando para ganhar dinheiro, prestígio ou poder, nunca estará contente. Mas se puder dizer sinceramente: "Estou trabalhando para a glória e a vontade de Deus", aí, sim, você estará contente.

4. *Com quem estou trabalhando?* Cada pessoa em seu local de trabalho é uma alma eterna. Cada uma passará a eternidade na presença de Deus ou afastada dele. Você deve prestar atenção em cada colega de trabalho e aproveitar todas as oportunidades para demonstrar e testificar a realidade de Jesus Cristo em sua vida. Pense um pouco... talvez você seja o único cristão ali. Isso transforma seu trabalho num campo missionário.

5. *Onde estou trabalhando?* Não é por acaso que você está trabalhando nesse lugar. Peça a Deus que lhe abra os olhos para o significado do lugar onde você trabalha. O que Deus deseja realizar por meio de você em seu emprego?

Irmão, seja qual for o seu trabalho, não passe a vida se lastimando por estar descontente com o que faz. Você se sentirá satisfeito quando se lembrar...

- *Por que* trabalha – para agradar a Deus.
- *Para quem* trabalha – para Deus.
- *Para que* trabalha – para a glória de Deus.
- *Com quem trabalha* – com membros em potencial do reino de Deus.
- *Onde* trabalha – no centro da vontade de Deus.

Princípio nº 5: Seja um modelo de excelência

Excelência é uma de minhas palavras favoritas. Gosto da profundidade de seu significado e das qualidades que ela me traz à mente. Certo escritor definiu *excelência* como "o máximo adestramento dos talentos e das habilidades de alguém dentro do limite das responsabilidades atribuídas por Deus."[40] Você não acha que nós dois poderíamos glorificar a Deus se praticássemos essa definição em nosso trabalho? É o meu objetivo... e espero que também seja o seu!

Surge, então, a pergunta: como você e eu podemos praticar esse tipo de excelência em tudo o que fazemos? Quando o assunto é trabalho, o autor e professor Chuck Swindoll fala de construir uma plataforma assentada sobre seis pilares de excelência. Ele relaciona esses pilares como sendo: integridade, fidelidade, pontualidade, trabalho de qualidade, atitude agradável e entusiasmo. Vamos passar alguns minutos analisando esses pilares, um a um, para que possamos ser exemplos mais perfeitos da verdadeira excelência no trabalho.

Integridade – A palavra *integridade* é definida como um sólido conjunto de princípios morais, retidão, honestidade e sinceridade. Nós, como homens de Deus, devemos ser os mais íntegros dentre todos os outros trabalhadores. A integridade deve ser a característica principal de nossa vida profissional. Assim como Daniel, outro homem segundo o coração de Deus, não deve haver nenhuma desonestidade que possa ser notada por outras pessoas em nossa atividade profissional. Ao contrário, nós, como Daniel, devemos ser vistos como pessoas fiéis, sem "nenhum erro nem culpa" (Daniel 6:4).

Fidelidade – A fidelidade faz parte do fruto do Espírito (Gálatas 5:22). Quando uma pessoa fiel diz que vai fazer alguma coisa ou estar em algum lugar, ela cumpre sua palavra. Davi demonstrou esse tipo de fidelidade quando cumpriu sua promessa de proteger o filho de Jônatas (Mefibosete), após a morte do pai (2Samuel 9:1-13). Não faça promessas que não poderá cumprir e não espere que Deus abençoe uma vida de infidelidade. (Também não espere um aumento de salário!)

Pontualidade – Estou certo de que você já participou de reuniões iniciadas com atraso porque todos tiveram de aguardar a chegada de um retardatário. A consequência foi a perda de tempo, de energia e de estímulo. Não permita que esse retardatário seja você. Chegue mais cedo para que ninguém precise esperá-lo.

Trabalho de qualidade – Houve um tempo em que o trabalho de qualidade era a regra e não a exceção. Agora, passou a ser a exceção e não a regra. Como trabalhadores para Jesus Cristo, devemos produzir trabalho de qualidade. Da próxima vez em que você for tentado a poupar tempo, a valer-se da lei do mínimo esforço ou a não dar tudo de si, lembre-se de que está oferecendo seu trabalho a Jesus. Seu trabalho é digno de ser oferecido a Ele?

Tudo quanto fizerdes, fazei-o de todo o coração, como para o Senhor e não para homens, cientes de que recebereis do Senhor a recompensa da herança. A Cristo, o Senhor, é que estais servindo (Colossenses 3:23-24).

Atitude agradável – Meu genro, Paul, é submarinista da Marinha. Você deve imaginar o volume de reclamações que ele ouve durante os períodos de três a seis meses em que os submarinos ficam submersos! Paul conta que ele se destaca perante a maioria da tripulação simplesmente porque tenta manter uma atitude agradável e sempre pensa de maneira positiva sobre sua missão. Como empregados (de Cristo), nós precisamos resistir à tentação de reclamar e de resmungar. Reclamar de tudo, inclusive de nosso trabalho, é uma acusação contra Deus, conforme observa um escritor:

> Reclamar [...] [significa] questionar a sabedoria e o julgamento correto de Deus. Deus sempre equiparou a reclamação à falta de fé [...] [porque] reclamar é duvidar de Deus. É a mesma coisa que sugerir que Deus não sabe o que está fazendo.[41]

Entusiasmo – A palavra *entusiasmo* significa, literalmente, "ser inspirado ou possuído por Deus". Poderíamos também usar a palavra *apaixonado*. Até que ponto você está apaixonado por seu trabalho? Você começa a trabalhar todos os dias com vontade de...

- Ser um exemplo de Cristo diante dos olhos observadores do mundo?
- Contribuir com todas as suas forças para o sucesso de sua empresa ou negócio?
- Contribuir com mais um dia de salário para o bem-estar de sua família?
- Entoar louvores a Ele que o chamou da escuridão para sua luz maravilhosa?

Aqui está como o Dr. Swindoll resume suas palavras sobre esses seis pilares de excelência: "Contrate uma pessoa como essa e, em questão de pouco tempo, a empresa prosperará [...] todos ficarão impressionados [...] e o Cristianismo começará a ser importante."[42]

E eu complementaria: Deus será glorificado, e isso, meu amigo, é toda a nossa razão de ser.

Ponha os princípios de Deus em prática

Você notou que passamos três capítulos deste livro falando de sua vida profissional? Talvez pareça muito, mas não é. Principalmente, se você considerar que o trabalho é o lugar onde você passa pelo menos um terço do dia, em termos de horas *efetivas*, e metade do dia, em termos de horas em que você está *acordado*. (De uma forma ou outra, é uma boa parte da vida!)

Com base nessa afirmação, devemos ser gratos por encontrar na Bíblia tantos princípios sobre o trabalho. E espero que nosso estudo de alguns desses princípios o tenha ajudado a enxergar seu trabalho sob uma nova luz – a luz de Deus. Seu trabalho, seja ele qual for, é um chamado sublime de Deus, e você deve considerá-lo importante, porque ele lhe proporciona uma oportunidade a mais de glorificar a Deus diariamente. Com isso em mente, vamos aceitar este desafio:

> Nós necessitamos de um trabalho ético que seja inspirado pela Palavra de Deus e praticado religiosamente no local de trabalho e na igreja [...] nossa maneira de trabalhar não apenas revela *quem* somos, mas também determina *o que* somos.[43]

Será que você está pronto para encarar seu trabalho de modo diferente? Com uma ética baseada na diligência, numa atitude de servo, no contentamento e na excelência, tudo para glorificar a Deus? Que sua ética no trabalho faça com que você, assim como Boaz, seja conhecido por todos de sua comunidade como um homem de influência e íntegro.

Eu amo o teu reino, Senhor,
A casa em que habitas, Pai bondoso,
A Igreja que nosso santo Redentor
Resgatou com seu sangue precioso.

Por ela, lágrimas derramarei,
Por ela, preces a ti elevarei;
Para ela, trabalharei sem cessar
Até o momento em que meu labor findar:[44]

14
Um coração que ama a igreja

Consideremo-nos também uns aos outros,
para nos estimularmos ao amor e às boas obras.
Não deixemos de congregar-nos
– Hebreus 10:24-25

Quem é o seu escritor favorito? Talvez seja alguém que escreveu um único livro. (Você sabia que Margaret Mitchell, autora do famoso clássico *E o Vento Levou*, escreveu apenas um livro?) Talvez seja John Wesley... ou Charles Haddon Spurgeon... ou outra pessoa dos tempos antigos, que escreveu montanhas de livros. Pode ser que seu autor favorito seja mais contemporâneo, como, por exemplo, o prolífico escritor C. S. Lewis. Ou, então, um autor mais recente ainda, como Charles Swindoll, Max Lucado ou John MacArthur (pela última contagem, cada um desses homens escreveu dezenas de livros).

Outro escritor prolífico é o apóstolo Paulo. Ele escreveu mais livros no Novo Testamento do que qualquer outro autor.

Com exceção de nosso Senhor Jesus Cristo, a figura mais proeminente da história do Cristianismo é o apóstolo Paulo. Sua personalidade, seus escritos, suas pregações, tudo isso, guiado pelo poder do Santo Espírito, tem ajudado a propagar a fé cristã até os confins do mundo. Ouvi dizer que a biblioteca da Escola de Teologia de Harvard tem mais de 2 mil volumes que tratam da vida e das epístolas desse grande apóstolo. Além disso, a biblioteca tem milhares de comentários nos quais os ensinamentos de Paulo ocupam lugar de destaque. Com base nas obras que foram escritas sobre Paulo e no que ele escreveu – 13 livros do Novo Testamento –, podemos concluir que esse apóstolo foi um homem cujo trabalho é digno de nossa profunda atenção... principalmente quando se trata de reconhecer a importância da igreja, o corpo de Cristo!

Compreenda a importância da igreja

À parte do tema consistente de Paulo sobre a salvação pela graça mediante a fé (veja, por exemplo, Efésios 2:8-9 e Tito 3:5), seus ensinamentos a respeito da igreja dominam quase todos os textos escritos por ele. Isso deve servir como ponto principal para que você e eu, como homens segundo o coração de Deus e que desejam fazer a vontade de Deus, prestemos atenção aos ensinamentos de Paulo sobre esse assunto de suma importância. Se Deus inspirou Paulo a falar tanto sobre a igreja, é porque ela é muito importante para Deus e, por conseguinte, importante para nós. Aqui está uma amostra do que Paulo ensinou sobre a igreja em apenas uma de suas 13 epístolas, o livro de Efésios:

- A igreja tem Cristo como cabeça (Efésios 1:22).
- A igreja é o corpo de Cristo (1:23).
- A igreja deve tornar conhecida a sabedoria de Deus (3:10).
- A igreja é sujeita a Cristo (5:24).
- Cristo amou a igreja e morreu por ela (5:25).
- Cristo alimenta a igreja e cuida dela (5:29).

- Como crentes, nós somos membros do corpo de Cristo, a igreja (5:30).

E Paulo ainda fala muito mais sobre a igreja. Em razão dessa ênfase, podemos compreender por que a igreja – tanto universal como local – deve ser importante para nós. A igreja é uma *prioridade* para um homem segundo o coração de Deus!

Seja um membro do corpo de Cristo

Não conheço *nenhum* homem que não seja membro de *alguma* organização – seja ela comercial ou recreativa. E todos nós sabemos que as organizações possuem regras para serem seguidas por seus membros – voluntariamente ou por meio de algum tipo de obrigação. Caro amigo, quer você compreenda quer não, como crente em Jesus Cristo, você é membro do corpo de Cristo, a igreja. Essa qualificação lhe dá privilégios incríveis, mas significa também que você tem muitas responsabilidades de peso. Você não pode ter privilégios sem ter responsabilidades.

Os privilégios – Tenho certeza de que você conhece o lema de uma empresa de cartões de crédito, que diz: "Conheça os privilégios de ser nosso associado." Como membros do corpo de Cristo, também temos privilégios. No livro de Efésios, Paulo descreve algumas bênçãos daqueles que fazem parte do corpo de Cristo, a igreja. (E note que esta lista abrange apenas os 13 primeiros versículos de Efésios 1! Existem muitos outros "privilégios" que você pode receber como "associado"!)

- Você foi escolhido antes da fundação do mundo (v. 4).
- Você foi adotado como filho (v. 5).
- Você foi perdoado de seus pecados (v. 7).
- Você recebeu uma herança (v. 11).
- Você foi selado em Cristo pelo Espírito Santo (v. 13).

As responsabilidades – Embora o cartão de crédito lhe conceda privilégios, ele também exige responsabilidades (Por exemplo, pagar a conta todos os meses!). Da mesma forma, como membro do corpo de Cristo, você tem obrigações – Deus lhe pede que cumpra seus "deveres de associado". Esta é uma lista parcial de suas responsabilidades (observe que elas não se encontram apenas em um capítulo do livro de Efésios, mas em muitos outros!):

- Você deve andar de modo digno da vocação a que foi chamado (4:1).
- Você deve ser manso e humilde, suportando os outros em amor (4:2).
- Você deve ser treinado pelos líderes de sua igreja com vistas ao aperfeiçoamento (4:12).
- Você deve amadurecer procurando atingir a medida da plenitude de Cristo (4:13).
- Você deve renovar-se na atitude de sua mente (4:23).
- Você deve revestir-se do novo homem, criado segundo Deus em justiça e retidão procedentes da verdade (4:24).
- Você deve falar a verdade (4:25).
- Você deve ser honesto em todos os seus negócios (4:28).
- Você deve falar apenas palavras que sirvam para edificar aqueles que o estão ouvindo (4:29).
- Você deve afastar-se de toda amargura, cólera, ira, gritaria e blasfêmias, bem como de toda malícia (4:31).
- Você deve ser benigno, compassivo e perdoar os outros (4:32).

A lista é longa, não? Não podemos ler isso sem nos perguntar se estamos cumprindo algumas dessas responsabilidades.

Temos um trabalho proposto para nós, não? Felizmente, Deus é misericordioso e paciente e não cancela nosso "título" de membro do corpo de Cristo, quando não vivemos à altura de nossas responsabilidades. Que tal parar um minuto para louvar a Deus por sua misericórdia? Vamos agradecer sua bondade para conosco.

Enquanto prosseguimos, devemos ter em mente que ser membro do corpo de Cristo tem seus privilégios e que com esses privilégios vêm as responsabilidades. Você não pode ter privilégios sem ter responsabilidades.

Desenvolva uma paixão pela igreja

Vivi, durante muitos anos, como um cristão morno, tendo pouca ou nenhuma participação em uma igreja de minha cidade, talvez por negligência, por falta de interesse, por amor pelas coisas mundanas ou até mesmo por causa de pecado. Seja por que motivo for, meu coração não estava preso nem apegado às coisas do Senhor. Mas, pela misericórdia de Deus, fui despertado e passei a compreender o lugar de suma importância que a igreja local tinha em minha vida.

Minha volta à igreja começou quando conheci um cristão dinâmico em meu local de trabalho. Deus usou aquele homem para acender em mim a chama de uma nova paixão pelo Senhor, pela sua Palavra e pela igreja. Quando voltei a frequentar a igreja, alguns homens piedosos começaram a me instruir e a me ajudar a crescer. Eles me ensinaram qual era o significado da igreja no plano de Deus e a parte que me cabia.

Os resultados modificaram a minha vida e a de minha família. Ganhamos novos amigos que se preocuparam conosco e que nos ajudaram. Nossas filhas também ganharam amigas maravilhosas. Passamos a conhecer a alegria e a sensação de realização que surgem quando tomamos parte ativa no trabalho de Deus. E crescemos em maturidade espiritual até começarmos a servir a

Cristo e a outras pessoas. Nossa participação na igreja deu direção, significado e propósito à nossa vida.

A igreja também pode fazer tudo isso por sua família. Se você não é um participante ativo, Cristo o está chamando para essa missão. Se você não tem certeza de estar frequentando a igreja certa, tome a decisão de encontrar a melhor igreja para sua família. (Sei que é difícil – para nossa família, levou meses.) Tome a decisão de ser fiel. Tome a decisão de ser um crente ativo. Tome a decisão de crescer. A paixão pela igreja é uma questão de obediência... obediência que se traduz em bênçãos sem par. Portanto, decida obedecer!

Seja um membro mais útil à igreja

Talvez você já esteja participando ativamente de sua igreja. (É assim que deveria ser, e recomendo que você faça isso.) Mas, da mesma forma que o apóstolo Paulo, eu o exorto a progredir cada vez mais (1Tessalonicenses 4:10).

Aqui está uma lista de maneiras pelas quais você pode demonstrar a Deus, à família da igreja e à sua família que a igreja é importante em sua vida. Se desejar, acrescente algumas ideias suas a esta lista.

Seja um frequentador assíduo – Já aprendemos que uma das marcas do homem piedoso é que ele adora a Deus regularmente. Se adorar a Deus e crescer espiritualmente são prioridades em sua vida, você deve abrir espaço em sua agenda para frequentar a igreja aos domingos. Também deve procurar outras oportunidades para receber alimento espiritual em cursos ou seminários para homens ou casais. Você e sua família nunca se fartarão da Palavra de Deus! O coração sábio procura o conhecimento (Provérbios 15:14), que está disponível em sua igreja. Você quer ser o líder espiritual de sua família? Então, frequente assiduamente a igreja com sua família, e você estará seguindo o caminho para ser o líder que Deus quer que você seja.

Contribua com generosidade – A Bíblia tem muito a dizer sobre dinheiro. Jesus falou sobre dinheiro mais do que sobre qualquer outro assunto. Por quê? Não porque o Deus de toda a criação necessite de recursos... todos os recursos vêm dele! Mas porque precisamos tomar cuidado com a atitude de nosso coração em relação ao dinheiro, que pode facilmente nos desviar das verdadeiras prioridades da vida.

Dizem que podemos saber quais as prioridades de um homem pelo seu talão de cheques. Quando você investe seu "tesouro" na igreja de Deus e no povo de Deus, seu coração está demonstrando maior interesse no bem-estar dos outros. Por quê? Porque "onde está o teu tesouro, aí estará também o teu coração" (Mateus 6:21).

Se você não está acostumado a dar ofertas para a igreja, faça como Elizabeth e eu fizemos no início de nossa vida cristã. Comece do ponto em que você está e com o que tem. Comece a ofertar assim que receber seu salário e não no fim do mês. Peça a Deus que o ajude a discernir como você deve lidar com seu dinheiro. Peça a Ele que lhe mostre em que área da vida você está sendo ganancioso ou egoísta. Seu objetivo é ofertar com alegria no coração. Paulo escreveu: "E isto afirmo: aquele que semeia pouco, pouco também ceifará; e o que semeia com fartura, com abundância também ceifará. Cada um contribua segundo tiver proposto no coração, não com tristeza ou por necessidade; porque Deus ama a quem dá com alegria" (2Coríntios 9:6-7).

Ore regularmente – O apóstolo Paulo exortou os homens da igreja para que fossem homens de oração (1Timóteo 2:1-8). Ele pedia a seus leitores que orassem "em *todo* tempo no Espírito e para isto vigiando com *toda* perseverança e súplica por *todos* os santos" (Efésios 6:18, grifo meu). Meu amigo, como homem segundo o coração de Deus, você deve orar regularmente não apenas por sua família, mas também por sua igreja, seus líderes e pastores. Faça uma lista das pessoas por quem você deve orar, dentro e fora da igreja, e ore "sem cessar" (1Tessalonicenses 5:17).

Sirva diligentemente – Você se lembra de meu amigo diácono, aquele que não via a hora de ir à igreja para servir aos crentes que lá estavam? O entusiasmo dele é um grande exemplo para nós. O ato de servir aos outros não requer escolaridade ou treinamento. Você pode começar a servir em sua igreja hoje! Como? Algumas possibilidades incluem...

- Arrumar as mesas e as cadeiras para a próxima reunião social da igreja;
- Fazer pequenos consertos na igreja usando seus talentos de pedreiro ou carpinteiro;
- Limpar o templo antes e depois dos cultos;
- Cumprimentar os visitantes antes do culto dominical.

Existem sempre oportunidades de trabalhar na igreja, e é uma grande honra servir ao Senhor. Quando nos dispomos a servir, mostramos que somos homens segundo o coração de Deus.

Sei que falei de muitas coisas neste capítulo, e há muitas mais para serem lembradas. Mas, em resumo, é suficiente que você tome a decisão de ser um membro ativo e útil em sua igreja. Só não caia na armadilha de apresentar desculpas para deixar de trabalhar, conforme fez a pessoa desconhecida que escreveu o poema a seguir.

• • • • • • • • •

Irei aonde tu quiseres que eu vá – talvez

Irei aonde tu quiseres que eu vá, meu Senhor,
Pois quero trabalhar para o teu reino celestial.
Cantarei um solo a ti, meu Senhor;
Só não me peças para cantar no coral.

Farei o que tu quiseres que eu faça, meu Senhor,
Pois quero ver-te um dia face a face.
Só não quero lecionar para crianças, ó Senhor,
Prefiro ficar sentado em minha classe.

Farei o que tu quiseres que eu faça, meu Senhor,
Quero ver o teu reino prosperar.
Darei a ti minhas moedas e trocados, meu Senhor,
Apenas meu dízimo não posso dar.

Irei aonde tu quiseres que eu vá, meu Senhor.
Direi o que tu quiseres – afirmo de coração.
Mas agora estou muito ocupado, meu Senhor.
Eu te servirei em outra ocasião:[45]

• • • • • • • • •

Comece do ponto onde você está – faça qualquer coisa *que puder, e faça* tudo *o que puder, até encontrar* alguma coisa *que você precise fazer! Essa* alguma coisa *é, provavelmente, seu dom espiritual.*

– Jim George

15

Um coração que serve à igreja

A manifestação do Espírito é concedida a cada um visando a um fim proveitoso.
– 1Coríntios 12:7

Existem muitas maneiras para um homem segundo o coração de Deus servir em sua igreja. Com isso em mente, eu gostaria que você conhecesse minha versão sobre algo que encontrei em minhas leituras. Esta lista nos mostra como você e eu podemos servir em nossa igreja:

Ter telefone............. e telefonar.
Ter caneta............... e escrever.
Ter disposição......... e comparecer.
Ter carro.................. e transportar.
Ter dinheiro............. e contribuir.
Ter voz..................... e cantar.
Ter interesse........... e orar.
Ter amor.................. e louvar.
Ter dons.................. e servir.

A lista não é tão assustadora, certo? Ainda assim, ela nos dá uma relação de coisas simples e pequenas que você e eu podemos fazer e que têm grande significado para os outros crentes da igreja.

No restante deste capítulo, quero concentrar-me no último item dessa lista: "Ter dons... e servir."

Como compreender os dons espirituais

Nenhum estudo sobre a igreja ou sobre o seu coração, como um homem segundo o coração de Deus, estaria completo sem que fossem mencionados pelo menos alguns dos dons espirituais. Dom espiritual é uma habilidade espiritual concedida por Deus aos crentes e manifestada pelo Espírito Santo com a finalidade de servir aos que pertencem ao corpo de Cristo, a igreja. Deus deseja trabalhar por meio de você e de mim, ensinando-nos a descobrir, a desenvolver e a usar nossos dons espirituais para servirmos aos demais membros da igreja.

Como definir os dons espirituais

Assim que for possível, separe alguns minutos para ler as três passagens mais importantes da Bíblia sobre os dons espirituais: Romanos 12:4-8, 1Coríntios 12:1-31 e 1Pedro 4:10-11. Aqui estão alguns princípios básicos que essas passagens ensinam a respeito dos dons espirituais:

- Os dons espirituais são um aspecto importante dos ensina-mentos de Paulo (1Coríntios 12:1).
- A fonte dos dons espirituais é o Espírito Santo (1Coríntios 12:11).
- Os dons espirituais não são habilidades naturais (1Coríntios 12:4).

- Não existem dons espirituais mais importantes ou menos importantes (1Coríntios 12:15-27).
- Os dons espirituais visam a beneficiar a igreja (1Coríntios 12:11; 1Pedro 4:10).

Os dons espirituais nos são concedidos por Deus para beneficiar outras pessoas da igreja. Não podemos fazer uso de nossos dons espirituais por meio do telefone ou do correio. E não podemos delegar o uso de nossos dons a quem quer que seja. Precisamos estar fisicamente envolvidos para que nossos dons sejam úteis a outras pessoas. Por isso, é muito importante que participemos ativamente dos trabalhos de nossa igreja.

Você pode imaginar como a igreja seria se todos os membros fizessem uso de seus dons espirituais na própria igreja? Que bênção isso seria! A igreja se tornaria um pedacinho do céu aqui na Terra. E que testemunho o mundo presenciaria! Veria Jesus Cristo por intermédio de nossas ações, não apenas um grupo de crentes encrenqueiros, egoístas e inativos!

Como reconhecer seus dons espirituais

Existe uma ampla variedade de dons espirituais. Talvez levemos algum tempo para descobrir quais são os nossos e para aprender como melhor aplicá-los aos outros membros da igreja. Aqui estão algumas sugestões para você descobrir quais são os seus dons:

Comece do ponto em que você está – Faça qualquer coisa que puder fazer, e faça tudo o que puder, até encontrar alguma coisa que você precise fazer! Essa alguma coisa é, provavelmente, seu dom espiritual.

Foi o que Elizabeth e eu fizemos quando começamos a frequentar a igreja. Fizemos *tudo* o que podíamos fazer e sentimos uma imensa alegria em servir a todos, de todas as maneiras possíveis! E, com o tempo, quando permitimos que Deus trabalhasse por nosso intermédio, começamos a encontrar tarefas apropriadas para nós, ou seja, começamos a trabalhar com os dons que Deus nos deu.

Comece com o que você gosta de fazer – Quando você foi salvo, Deus lhe concedeu habilidades espirituais (1Coríntios 12:11). Essas habilidades fazem parte de sua personalidade cristã. São exclusivamente suas. Não são exatamente iguais às habilidades de outras pessoas.

À medida que você cresce e amadurece espiritualmente, essas habilidades espirituais afloram cada vez mais todas as vezes que surgem oportunidades de servir a alguém. Você descobrirá que passa a sentir um interesse e uma paixão por servir aos outros quando usa os dons que Deus lhe deu. Portanto, a melhor maneira de descobrir o seu dom é fazer aquilo de que você gosta ou aquilo que você tem vontade de fazer. Isso, aliado a seu crescimento espiritual, o ajudará a determinar seu dom, ou os seus dons.

Comece fazendo perguntas aos outros – Haverá muitas ocasiões em que você não conseguirá identificar seus dons espirituais. Por quê? Porque, sendo o seu dom espiritual, o que você estará fazendo vai parecer a simples prática de um ato espontâneo. Suas ações fluirão naturalmente, sem esforço algum, porque seus dons espirituais são um canal por meio do qual o *Espírito Santo* opera – não é *você* que está agindo, é *Ele*! Isso é difícil de explicar, difícil de compreender e, às vezes, difícil de reconhecer. Mas não desista! Pergunte a outras pessoas em que tipo de serviço você é mais eficiente. Provavelmente, isso revelará qual é o seu dom.

Comece com o que Deus está abençoando – Deus lhe concedeu habilidades espirituais para abençoar outras pessoas. Quando você usa seus dons, os outros são abençoados de maneiras visíveis. E seus dons também se tornam mais perceptíveis, porque Deus está abençoando determinados serviços que você se comprometeu a executar. Se você ainda não sabe quais são seus dons, olhe ao redor para ver se Deus está abençoando o que você faz para colaborar com o corpo de Cristo.

(P.S.: Você se sentirá abençoado se colocar em prática os seus dons, com humildade e obediência. Sentirá a alegria de saber que está cumprindo sua missão especial para o perfeito funcionamento do corpo de Cristo, a igreja.)

Dê um toque especial

Minha filha Courtney deseja ser chefe de cozinha. Ela frequenta aulas de culinária e, sempre que dispõe de tempo (ela é mãe de três crianças em idade pré-escolar!), Courtney assiste a um canal de TV cuja programação é dedicada ao ensino da culinária. Sabendo de seu interesse por esse assunto, eu costumo parar para ver esse canal (geralmente quando estou procurando o meu canal favorito, o Canal do Tempo!).

Esse hábito me fez conhecer o *chef* Emeril. (Sua esposa deve conhecê-lo.) Todas as vezes que esse exímio chefe de cozinha deseja incrementar a receita ou acrescentar um tempero diferente, ele diz:

– Vamos dar um toque especial!

Almeje fazer melhor uso de seus dons para Deus

Bem, este não é um canal de culinária (felizmente!), mas ao tratar de nosso serviço espiritual, eu gostaria que nós dois déssemos "um toque especial". Vamos resumir nossa discussão sobre serviço e dons espirituais com um desafio feito pelo apóstolo Paulo. Ele escreveu estas palavras a seu jovem discípulo, Timóteo, envolvendo a seleção de líderes para a igreja. Essa mensagem de Paulo a Timóteo também se aplica a você e a mim:

> Se alguém aspira ao episcopado, excelente obra almeja (1Timóteo 3:1).

Gosto de três coisas nessa declaração simples de Paulo.

Primeiro, das palavras "Se alguém". Você notou uma coisa? Paulo não está falando de uma elite, de um grupo seleto de pessoas, mas de *alguém*, ou seja, *qualquer um* – inclusive homens como você e eu.

Segundo, gosto da paixão que Paulo transmite com a palavra "aspira". Paulo está falando de um anseio ardente no coração. Descreve aqueles que têm o desejo de liderar de alguma forma, em algum nível, na igreja.

Em terceiro lugar, gosto do sentido acrescentado pelas palavras "excelente obra", que também podem ser traduzidas por "nobre trabalho", "excelente trabalho", "ambição honrosa".

Em resumo, Paulo está dizendo que é certo – e até mesmo desejável – que homens como você e eu aspiremos a ser líderes de algum setor de nossa igreja. Essa aspiração é um sentimento positivo. Na verdade, "sentimento negativo" é não aspirar a ser líder. Portanto, vamos dar um toque especial! Vamos descobrir, desenvolver e usar nossos dons espirituais... para ter uma vida piedosa... e vamos ver aonde essa estrada vai nos levar.

As qualidades de um homem útil para Deus

Paulo prossegue dizendo que a pessoa que tem essa aspiração é marcada por algumas qualidades, ou seja, possui determinadas qualidades exigidas de quem ocupa posições de liderança na igreja. Essas qualidades devem ser encontradas em todos os homens que desejam ter uma vida mais piedosa.

Você encontrará algumas delas aqui relacionadas (extraídas de 1Timóteo 3:1-7 e de Tito 1:6-9). À medida que for lendo, uma a uma, pare e peça a Deus em oração que o transforme em um homem segundo o seu coração, um homem que...

...Não seja inclinado à embriaguez – Significa "não ser inclinado ao vinho ou à bebedeira":[46] Essa qualidade proíbe o uso excessivo de vinho ou de qualquer outra bebida alcoólica. Piedade e embriaguez não combinam.

Não seja violento – Significa "não ser arruaceiro", "não envolver-se em encrencas". O homem de Deus refreia-se para não se exasperar nem explodir facilmente. Ele mantém o controle (Provérbios 29:11).

Não seja briguento – O homem piedoso não participa de discussões. Ele não é uma pessoa contenciosa. Ao contrário, suas palavras são sempre agradáveis (Colossenses 4:6), e ele é brando para com todos (2Timóteo 2:24).

Não seja apegado ao dinheiro – Essa qualidade aparece como uma única palavra no texto grego original e significa, literalmente, "que não tem amor à prata". O apego ao dinheiro pode tornar-se a raiz de todos os males (1Timóteo 6:10). O homem que deseja ser piedoso não pode ter a preocupação de acumular bens materiais. Embora o dinheiro seja necessário para suprir as nossas necessidades, não devemos permitir que ele nos torne gananciosos.

Não seja arrogante – Essa expressão significa "não ser autoritário", "não ser dominador"[47]. Quando você pensa em Jesus, as palavras *teimoso* e *cabeça-dura* lhe vêm à mente? Claro que não. Assim como nosso Salvador, devemos nos esforçar para sermos mansos e humildes de coração (Mateus 11:29).

Não seja irascível – Essa qualidade, mencionada em Tito 1:7, significa controlar-se para não explodir. O homem de Deus não "perde as estribeiras". Ele não tem pavio curto.

Não ganhe dinheiro desonestamente – O homem que é "apegado ao dinheiro" pode querer ganhar dinheiro desonestamente a fim de satisfazer sua ganância. O homem de Deus toma cuidado para não se envolver em qualquer negócio que possa parecer desonesto ou ilegal. Ele se abstém "de toda forma de mal" (1Tessalonicenses 5:22).

Seja justo – A palavra *justo*, que aparece em Tito 1:8, refere-se à prática diária de uma vida de retidão. Devemos fazer o que é certo e o que é justo. Devemos ser honestos em nossas transações com outras pessoas. Devemos ser homens íntegros.

Aprecie o que é bom – O homem de Deus aprecia as coisas boas e íntegras, quer se trate de livros e revistas que ele lê, de filmes e programas de TV a que ele assiste, ou de amizades ou passatempos que ele cultiva.

Essas são algumas qualidades importantes na vida de um homem que deseja ser líder em algum setor da igreja.

Como começar a caminhada

Minha caminhada

Você deve conhecer um ditado popular que diz que "toda caminhada de mil milhas começa com o primeiro passo". Bem, meu amigo caminhante, o primeiro passo que dei para ser um homem piedoso e para descobrir quais eram meus dons espirituais foi servir aos outros. Conforme já lhe contei, quando decidi ser cristão de verdade e participar ativamente dos trabalhos de minha igreja, eu não tinha ideia do que significava ser líder. (E, naquela altura, isso não fazia diferença para mim!) Eu simplesmente estava feliz por voltar ao centro da vontade de Deus, voltar à igreja, voltar a congregar-me com o povo de Deus e voltar a ler a Palavra de Deus. Estava emocionado diante da perspectiva de servir em qualquer setor de minha igreja. Portanto, me dispus a servir em todas as oportunidades.

Enquanto eu servia, também crescia espiritualmente. Frequentava a igreja assiduamente, pedia ajuda a homens piedosos para que me doutrinassem, participava de seminários de treinamento bíblico e lia e estudava minha Bíblia diligentemente. Eu não entendia muito de dons espirituais, de ministério ou de liderança. Só queria ser fiel no pouco que eu entendia. Eu estava mergulhado no processo de *servir* fielmente em minha igreja, e Deus me concedeu o privilégio de ali *servir como líder.*

Sua caminhada

Assim como eu, talvez você não seja capaz de fazer muita coisa no início. E, assim como eu, talvez você não saiba ao certo quais são os seus dons espirituais. (Algumas vezes, você chegará a questionar se Deus esqueceu de lhe conceder algum dom espiritual!) Mas Deus *lhe concedeu* dons espirituais, e você poderá começar a fazer uso deles quando...

- servir fielmente onde você estiver (1Coríntios 4:2);
- continuar a crescer espiritualmente (2Pedro 3:18);
- aceitar desafios mais amplos para servir debaixo da bênção de Deus;
- aspirar a ser líder (1Timóteo 3:1); e
- desejar ser um homem piedoso (1Timóteo 3:1-7; Tito 1:6-9).

A caminhada é sua. Você pode optar por "subir a ladeira" – do desafio, da disciplina e do crescimento – ou por "descer a ladeira" – do desinteresse, da vida fácil, do egoísmo, da mediocridade.

Mas eu lhe garanto que, caso sua opção for subir a ladeira com o desejo de ser um homem piedoso e líder, você e sua família serão ricamente abençoados. O fato de subir a ladeira não significa que você se tornará um líder. Mas não se preocupe, porque você crescerá, amadurecerá e sobrepujará todos os obstáculos pelo simples fato de ter optado por subir a ladeira. E, meu amigo, essa opção fará de você um homem segundo o coração de Deus.

Se você não tem certeza de ser capaz disso, lembre-se, conforme vimos antes, que toda caminhada de mil milhas começa com o primeiro passo. E a caminhada continua, um passo por vez – isto é, a um ritmo realista e controlável. E, para tanto, basta que tenhamos a certeza de estar caminhando na direção certa... e que tenhamos a certeza de que Deus nos dará a força e o vigor para cada passo ao longo do caminho.

. . . .

Levantai-vos, ó homens de Deus!

Levantai-vos, ó homens de Deus!
Levantai-vos já, não vos demoreis;
Trabalhai de corpo e alma, com vigor
Para servirdes ao Rei dos reis.

Levantai-vos, ó homens de Deus!
A Igreja não pode mais aguardar,
Sua missão é maior que tudo;
Levantai-vos e fazei-a prosperar.

Levantai bem alto a cruz de Cristo!
Segui suas pegadas rumo aos céus;
Como irmãos que sois do Filho do homem,
Levantai-vos, ó homens de Deus![48]

. . . .

Se você quiser dar um bom testemunho *de Jesus Cristo em seu trabalho, seja o melhor* funcionário *da empresa. As pessoas não vão querer ouvir um funcionário medíocre falar de Jesus Cristo. Mas elas farão fila para falar com o melhor funcionário da empresa.*

– Bob Vernon

16
UM CORAÇÃO QUE ESTENDE A MÃO AOS OUTROS

... sereis minhas testemunhas
– Atos 1:8

Você já participou de algum evento ou de alguma reunião que tivesse causado impacto duradouro em sua vida? Eu já. Foi quando participei, em minha igreja, de um curso para homens sob o tema "O Verdadeiro Papel do Varão". O professor era Bob Vernon. Bob era o que podíamos chamar de um homem com "h" maiúsculo. Ele era o tipo de pessoa a quem os homens eram capazes de seguir e, prontamente, fazer o que ele lhes pedisse. Na ocasião em que participei do curso, Bob era capitão do departamento de polícia de Los Angeles. Posteriormente, Bob passou a ser assistente do chefe de polícia daquele mesmo departamento e, ultimamente, concorreu como finalista para o cargo de chefe.

Em uma aula noturna desse curso de seis semanas, Bob falou do testemunho que devemos dar no trabalho. Ele fez uma afirmação de grande impacto, de que até hoje não me esqueci: "Se você quiser dar um bom testemunho de Jesus Cristo em seu trabalho, seja o melhor funcionário da empresa. As pessoas não vão querer ouvir um funcionário medíocre falar de Jesus Cristo. Mas elas farão fila para falar com o melhor funcionário da empresa."

Bob estava falando a respeito de ser missionário no trabalho – da diferença que o trabalho diligente faz para se conquistar o direito de falar de Jesus a outras pessoas.

Como conquistar o direito

O desafio de Bob deixou uma impressão duradoura em todos nós. E esse desafio mostra outra prioridade para nós, homens segundo o coração de Deus – a prioridade da evangelização. Enquanto se preparava para retornar ao céu, Jesus entregou aos seus discípulos – e a nós – este mandamento: "sereis minhas testemunhas" (Atos 1:8). Somos representantes de Cristo aqui na Terra e fomos chamados para viver de tal maneira que as pessoas à nossa volta possam ver Deus em nossa vida e sejam atraídas a Ele.

Se formos relapsos no trabalho, nossos colegas não serão atraídos para Deus – na verdade, eles poderão até questionar se o Cristianismo é uma boa coisa. Conforme Bob Vernon disse, se você se esforçar, conquistará o direito de falar sobre qualquer coisa que desejar – seu trabalho, o motivo de seu "sucesso" (que é Cristo) e sua fé. O trabalho bem-feito abrirá caminho para você contar aos outros qual é o motivo que existe por trás de seu "sucesso" – Jesus Cristo. Quando você é o melhor no trabalho, seus colegas lhe pedem conselhos sobre o trabalho... e até mesmo sobre a vida e seu significado.

Seja o próximo de alguém

Outra maneira de conquistar o direito de falar de nossa fé em Cristo é nos interessarmos verdadeiramente pelas outras pessoas. Talvez você conheça o ditado: "As pessoas não vão se interessar pelo que você sabe enquanto não souberem que você se interessa por elas." Essa é uma grande verdade. Nossos colegas devem nos ver como pessoas acessíveis, carinhosas e afáveis. Em outras palavras, elas devem nos ver como seu próximo.

"Quem é o meu próximo?" Esta pergunta foi feita a Jesus por um líder religioso que estava buscando aprovação para seu trabalho religioso. E Jesus respondeu àquela pergunta contando a parábola do bom samaritano (Lucas 10:25-37) – um homem que demonstrou interesse sincero por alguém que não conhecia.

Antes de querer que os outros ouçam o que temos a dizer sobre Cristo, precisamos estabelecer uma relação de amizade com aqueles com quem temos contato frequentemente. Quando você e eu nos tornamos próximos das pessoas, conquistamos o direito de falar de nosso Salvador. E a parábola do bom samaritano contém oito princípios para você ter um coração que estende a mão aos outros e atrai a atenção das outras pessoas para si.

Como desenvolver um coração que estende a mão aos outros

Princípio nº 1: O amor toma a iniciativa (Lucas 10:30-34) – Antes de contar a parábola do bom samaritano, Jesus condenou várias cidades vizinhas por falta de hospitalidade e por rejeição à mensagem do evangelho. E, na história em si, Jesus estabeleceu um contraste entre as *atitudes de indiferença* de um sacerdote e de um levita (representantes de dois grupos de líderes religiosos judeus) e as *atitudes de amor* de um samaritano (pessoa repudiada pelos judeus por causa de sua raça). Os dois líderes religiosos passaram pelo outro lado da estrada, a fim de desviar de um companheiro judeu espancado por salteadores. Ambos acreditavam ter bons motivos para não tomar conhecimento daquele homem, no momento em que ele tanto necessitava de ajuda. Era óbvio que o homem estava gravemente ferido. Os dois poderiam ter ajudado. Deveriam ter ajudado! Mas não o fizeram.

Em seguida, veio o samaritano. Qual foi sua reação? Jesus disse que o samaritano "vendo-o, compadeceu-se dele. E, chegando-se, pensou-lhe os ferimentos" (v. 33, 34). O bom samaritano viu... e agiu. Ele tomou a iniciativa de cuidar dos ferimentos do homem.

Veja: o amor está sempre à procura de um lugar para ser demonstrado. O amor age. O sacerdote e o levita não demonstraram amor, porque não fizeram nada. Não tomaram nenhuma atitude. O amor sempre toma a iniciativa. Esse é o tipo de amor que Deus nos demonstrou quando éramos pecadores:

> Porque Deus amou ao mundo de tal maneira que *deu* o seu Filho unigênito, para que todo o que nele crê não pereça, mas tenha a vida eterna (João 3:16, grifo meu).

> Mas Deus *prova* o seu próprio amor para conosco pelo fato de ter Cristo morrido por nós, sendo nós ainda pecadores (Romanos 5:8, grifo meu).

Você não se sente agradecido por Deus ter tomado a iniciativa de enviar seu Filho para morrer por nós? Que exemplo maravilhoso! Será que existe alguém, uma pessoa não-cristã da qual você se lembre neste momento, a quem pode demonstrar o amor de Deus nesta semana?

Alguns anos atrás, quando minha família e eu estávamos a caminho de Cingapura para um trabalho missionário, passamos por Taiwan para visitar um amigo que foi meu colega nos tempos de seminário. Durante nossa visita, meu amigo e eu conversamos sobre evangelização fraterna e ele contou-me esta história.

Steve conheceu um aluno de uma escola bíblica cujo pai odiava os cristãos e o Cristianismo. Esse pai também odiava a ideia de que o filho frequentasse uma escola bíblica. Para comprovar seu ódio, o pai ia todos os dias buscar o filho na porta da escola e o surrava com uma vara durante todo o caminho até a casa. Um dia, um dos professores da escola descobriu que o pai daquele menino gostava de chá. O professor aproximou-se do homem e perguntou-lhe como ele costumava preparar seu chá, porque também gostava muito dessa bebida. Em consequência dessa iniciativa e do sincero interesse demonstrado pelo professor, o homem desistiu de odiar os cristãos, interessou-se por aprender o significado do evangelho e parou de surrar o filho! O amor toma a iniciativa.

Princípio nº 2: Amar os desprezados (Lucas 10:33) – Vamos pensar um pouco no quadro que Jesus pintou em sua história sobre o bom samaritano. Enquanto viajava para seu destino, um judeu foi assaltado, espancado, roubado e deixado quase morto na estrada. Podemos imaginar que a aparência daquele homem não era nada agradável. Ele estava caído na estrada, ferido, sangrando e agonizando. Ele era uma pessoa fácil de ser desprezada! Evidentemente, os dois líderes religiosos que passaram por ele na estrada também acharam isso, porque se desviaram do caminho para não se aproximar daquele homem e se afastaram rapidamente.

Mas o samaritano – ou melhor, o *bom* samaritano (que não era judeu!) – parou e cuidou daquele homem ferido. Ele demonstrou amor por uma pessoa desprezada.

Achamos fácil amar nossos amigos e "pessoas bonitas". Mas Jesus mostra, por meio de uma história, que precisamos amar aqueles que não são tão bonitos e até quem nos odeia. Precisamos demonstrar esse tipo de amor a nossos colegas de trabalho e vizinhos.

Lembro-me bem quando Elizabeth e eu oferecemos nossa casa para um estudo bíblico. Nosso grupo convidou amigos e colegas descrentes, nossos companheiros de trabalho. Um rapaz convidou uma moça que trabalhava com ele, e, para sua surpresa, ela aceitou o convite. Mary era o tipo de moça que jamais poderia aparecer na capa de uma revista de modas. Tinha os cabelos desgrenhados e usava roupas sujas e amassadas. A impressão era a de que ela havia dormido com aquelas mesmas roupas. Mary não cuidava de si mesma e não se encaixava no perfil das outras pessoas que participavam do estudo bíblico. Parecia ser uma pessoa a quem nós desprezaríamos.

Desde aquela primeira noite, porém, resolvemos tratar Mary com o mesmo respeito e atenção que dedicávamos às outras pessoas do grupo. Depois de várias semanas, ela me disse:

– Você não me tratou como uma "debilóide", por isso não o considero um "debilóide" só porque você é cristão.

Amigo, pouco tempo depois, Mary aceitou a Cristo! Conto essa história com humildade e louvo a Deus por seu amor. Teria sido fácil desprezar Mary por causa de sua aparência. Mas Deus quer que você e eu amemos até mesmo as pessoas que nos parecem desprezíveis. O resultado desse amor pôde ser visto na transformação da vida de Mary. Espero que você se sinta estimulado a se esforçar, com a ajuda de Deus, a amar pessoas vistas como desprezíveis. Procure enxergar cada um como é – uma alma perdida que necessita de um Salvador. Procure amar os desprezados.

Princípio nº 3: Não há impacto sem contato (Lucas 10:33) – Qual é o impacto que o sacerdote e o levita tiveram sobre o viajante ferido, quase morto? Nenhum! Mas o samaritano (ou melhor, o *bom* samaritano) produziu impacto... porque teve contato com ele. O samaritano aproximou-se do homem e cuidou de seus ferimentos.

Nicki é outra alma que Deus trouxe a nossa casa. Ela era nossa entregadora de correspondência. Nicki era cordial, e nossa família acostumou-se a vê-la trabalhando diariamente. Ela gostava tanto de nossa vizinhança que comprou uma casa um pouco adiante da nossa. De vez em quando, conversávamos com Nicki sobre religião. Ela sempre nos ouvia com entusiasmo e cortesia. No entanto, não havia progresso nessas conversas animadas.

Ficamos sabendo que havia uma dificuldade na vida de Nicki. O marido dela era alcoólatra. O casal se separou, e ele foi embora de casa. A situação piorou ainda mais quando Nicki convidou o chefe de um bando de motoqueiros para morar com ela. Logo depois, Nicki teve um bebê. Com o passar do tempo, ela abandonou o emprego no correio e perdemos contato com ela.

Passaram-se meses... e, de repente, ficamos sabendo que, uma noite, Nicki foi até o parque da cidade, matou sua filhinha e suicidou-se. Essa tragédia abalou nossa família. No fundo de minha mente, uma pergunta persistia: será que estávamos ocupados demais cuidando apenas de nós mesmos? E se tivéssemos mantido contato com ela? Será que agimos como o sacerdote e o levita, passando pelo outro lado da estrada? Será que faltou impacto de nossa parte? Será que agimos como o sacerdote e o levita por termos cessado de manter contato com Nicki?

Irmão, não permita que isso aconteça com você! Existe alguém na vizinhança ou em seu trabalho que esteja ferido, sangrando, necessitando do contato amoroso de Cristo por seu intermédio? Não mude de calçada, não siga por outro corredor no escritório nem pare o carro do outro lado da rua!

Vamos voltar por alguns instantes à história do professor de Taiwan, aquele que gostava de chá. Além de conseguir atrair a atenção do pai do aluno, ele também fez amizade com um comerciante de chá. Durante dois anos, ele parou todos os dias na loja do comerciante para aprender um pouco mais sobre chá. Um dia, quando o professor entrou na loja, o proprietário disse:

– Você é uma pessoa diferente. Talvez por ser cristão.

Lembre-se: Não há impacto sem contato!

Princípio nº 4: O amor exige um coração quebrantado (Lucas 10:33) – O que fez o samaritano quando avistou o homem agonizante na estrada? Jesus disse que o samaritano "compadeceu-se dele". Há outra versão da Bíblia que diz que o samaritano "teve piedade dele" (NVI). Em outras palavras, seu coração comoveu-se diante do homem ferido. Essa é uma referência à emoção sentida pelo samaritano. Você já se sentiu angustiado diante de um problema ou de um incidente? Então sabe como o samaritano se sentiu diante do judeu ferido. Seu coração comoveu-se, e ele tomou uma atitude. Cuidou do homem agonizante.

Jesus sentiu a mesma emoção quando acompanhou o enterro do filho único de uma viúva. A mulher havia perdido o marido e acabara de perder seu único filho. O coração de Jesus compadeceu-se dela (Lucas 7:13). O coração de Jesus ficou quebrantado, e Ele tomou uma atitude – ressuscitou o filho da viúva!

Será que seu coração está quebrantado diante das necessidades espirituais de um vizinho ou colega de trabalho? Ou você precisa ter uma experiência com alguém como nós tivemos com Nicki? Nunca lance um olhar insensível ou temeroso às pessoas que estão à sua volta. Alcançar os outros para Cristo exige um coração quebrantado e que sinta o desejo de ajudar aqueles que necessitam.

Princípio nº 5: Dar testemunho verbal e não-verbal – Você notou que o samaritano não disse uma palavra sequer ao homem ferido? Leia a história inteira. O samaritano não precisou dizer nada. Suas ações falaram mais alto!

Enquanto vasculhava meus arquivos, encontrei estas palavras de um livro intitulado *Friendship Evangelism* [Evangelização fraterna]. Elas têm uma mensagem poderosa para nós:

> É fácil falar do amor de Deus. Mas o que convence as pessoas da realidade do amor divino não são as palavras em si, mas o modo como você procede. Se você provar que o amor de Deus se tornou uma realidade em sua vida, por meio de suas ações ou relacionamentos pessoais, aí, sim, terá um argumento difícil de ser contestado por outras pessoas.

> Conforme alguém escreveu: "A maior prova do amor de Deus é uma vida que necessita de seu amor para explicá-lo."[49]

O filósofo francês Voltaire disse certa vez: "Mostre-me uma vida redimida e eu acreditarei em seu redentor." Temos a tendência de pensar que nosso testemunho precisa ser verbal. Mas levar pessoas a Cristo não tem muito a ver com o que você *diz*, mas com o que você *é*! Você já deve ter ouvido este ditado: "Não tente falar daquilo que você não costuma praticar." Existe a necessidade de um testemunho não-verbal para sustentar seu testemunho verbal! Para algumas pessoas, a sua vida – o seu testemunho não-verbal – é a única Bíblia que elas lerão na vida. Afinal, que mensagem você está pregando?

Princípio nº 6 Ser flexível (Lucas 10:33-35) – Por que o sacerdote e o levita não pararam para ajudar o ferido? Não sabemos ao certo, mas está claro que eles não queriam empecilhos em seu caminho. Eles estavam viajando, e não queriam que a viagem fosse interrompida.

Compare as ações desses dois homens com as do samaritano. O samaritano também estava viajando. A Bíblia diz que ele "seguia o seu caminho". Outra tradução diz que ele estava "de viagem". Não, o samaritano não estava procurando judeus feridos na estrada, mas ele viu uma pessoa necessitada e foi flexível. O samaritano cuidou do homem ali mesmo. E não fez só isso. Colocou o homem sobre seu animal e levou-o a uma hospedaria, onde continuou a cuidar dele até o dia seguinte. Isso se chama flexibilidade!

Certo dia, aconteceu um fato semelhante comigo. Enquanto eu dirigia meu carro por uma estrada nos arredores de Los Angeles, deparei-me com um enorme congestionamento. O tráfego estava lento; em consequência disso, eu chegaria atrasado à reunião na igreja. Enquanto eu avançava com grande dificuldade, avistei uma mulher em pé ao lado de um carro na faixa central da estrada. Parei atrás dela e percebi que o carro estava sem gasolina. Dei meia-volta, dirigi-me a um posto de gasolina, comprei um pouco de combustível e retornei lentamente ao local onde ela se encontrava. Antes de despedir-me, entreguei-lhe meu cartão de visitas de pastor e lhe disse:

– Se houver mais alguma coisa que eu possa fazer pela senhora, ligue para mim.

Ela olhou para o cartão e disse:

– Ah, mas eu sou judia.

E eu repliquei:

– Não há problema. Se precisar de ajuda, ligue para mim.

Uma semana depois, Bárbara me telefonou pedindo-me ajuda para um problema familiar. Tempos depois, ela passou a frequentar nossa igreja. Amigo, você nunca sabe quem o Senhor vai colocar em seu caminho. Por isso, é importante ser flexível. Trate cada encontro casual como se fosse um encontro casual divino. Seja flexível e seja abençoado!

Princípio nº 7: Dispor-se a fazer um sacrifício (Lucas 10:34-35) – Para ser um evangelista fraterno e dar testemunho de Jesus Cristo, é necessário que você se disponha a fazer um sacrifício. Reflita sobre o que o falecido Dr. Francis Schaeffer escreveu sobre sacrifício em seu livro *The Church at the End of the Twentieth Century* [A igreja do final do século 20]:

> Se você achar que o que Deus tem feito aqui [em L'Abri, um chalé na Suíça, onde o Dr. Schaeffer cuidava daqueles que queriam conhecer o Cristianismo] é uma coisa fácil, não vai entender. Tudo tem sido muito difícil. Nos três primeiros anos que moramos em L'Abri, todos os nossos presentes de casamento foram destruídos – nossos lençóis foram rasgados, nossos tapetes foram furados com brasa

> de cigarro. Certa vez, a cortina foi quase totalmente queimada por alguém que estava fumando na sala de estar. Todos comiam em nossa mesa – não poderia ser de outro jeito. Drogas foram levadas para nossa casa, as pessoas vomitavam no chão..:[50]

Veja bem, eu não estou dizendo que isso vai acontecer com você e com sua casa, mas é preciso estar disposto a fazer alguns sacrifícios se quiser levar outras pessoas a Cristo. Vamos parar por alguns instantes e refletir novamente sobre o samaritano. O que ele sacrificou para ajudar o viajante ferido?

- *Ele sacrificou o que possuía* – Aplicou óleo e vinho para curar os ferimentos do homem.
- *Ele sacrificou seu tempo* – Gastou pelo menos um dia para cuidar do homem.
- *Ele sacrificou suas finanças* – Entregou "dois denários" (o equivalente ao salário de dois dias de trabalho) ao hospedeiro para atender às necessidades imediatas do homem. E disse também ao hospedeiro: "Cuida deste homem, e, se alguma coisa gastares a mais, eu to indenizarei quando voltar" (v. 35).

Quanto você está disposto a sacrificar-se para ser um bom próximo? Talvez almoçar com um conhecido e permitir que ele abra o coração para você (sacrifício de tempo). Ou convidar um colega de trabalho para assistir a um jogo de futebol e pagar o ingresso para ele (sacrifício financeiro). Ou, então, convidar seus vizinhos para uma refeição em sua casa (sacrifício de tempo e de dinheiro). Seja qual for o sacrifício, valerá a pena! Quanto custa uma alma? Custou a Deus a morte de seu Filho unigênito na cruz. O que representam alguns dólares ou um pouco de tempo em relação à eternidade? Disponha-se a fazer um sacrifício – Deus o fez!

Princípio nº 8: Eles não são inimigos – Alguns cristãos têm a ideia errônea de que os incrédulos são "inimigos". E, por conseguinte, evitam contato com eles, sentem medo deles e têm pouco ou nenhum relacionamento com eles.

O samaritano não considerou o judeu ferido um inimigo. Os salteadores eram os inimigos, e o homem ferido foi vítima deles. Nós olhamos para as vítimas de tragédias com grande simpatia e preocupação. E por que não olhamos da mesma maneira para os incrédulos? Eles não são inimigos. São vítimas. São escravos de Satanás e do pecado (2Timóteo 2:26) e não podem ajudar a si mesmos (Romanos 3:10-18).

Amigo, não devemos temer os incrédulos. Devemos ter piedade deles. Ore por eles e mostre que você se preocupa com eles. Aproveite todas as oportunidades para ser amigo e próximo deles.

Estenda a mão aos outros

"Quem é o meu próximo?" Essa foi a pergunta que um homem fez a Jesus no capítulo 10 de Lucas. Jesus respondeu contando a história do bom samaritano e dos dois líderes religiosos. Quando terminou, Jesus fez esta pergunta ao homem que o interrogou: "Qual destes três te parece ter sido o próximo do homem que caiu nas mãos dos salteadores?" O homem respondeu: "O que usou de misericórdia para com ele."

E Jesus disse: "Vai e procede tu de igual modo" (Lucas 10:36-37).

Amigo, essa admoestação também se aplica a você e a mim. Torne-se um próximo – um *bom* vizinho – e tenha misericórdia dos incrédulos que o rodeiam... e estenda a mão para alcançar alguém...

• • • • • • • •

Estende a mão para alguém

Estende a mão para uma alma faminta;
Estende a mão para um espírito abatido;
Estende a mão para alguém destruído,
Uma vida solitária e de coração partido.

Estende a mão para alguém que odeia a ti;
Estende a mão a um forasteiro que encontrou a ti;
Estende a mão para um irmão que necessita de ti;
Estende a mão e sorri – com o mesmo sorriso de Deus para ti.

Estende a mão para um amigo cansado;
Estende a mão para o que busca sem ter encontrado;
Estende a mão e doa-te, sem cuidado,
Deixando extravasar o que de melhor tens alcançado.

Estende a mão e oferece amor ao desprezado;
Estende mão e oferece um lar ao abandonado;
Estende a mão, e a luz de Deus brilhe diante de ti;
Estende a mão e sorri – com o mesmo sorriso de Deus para ti.

Charles F. Brown

• • • • • • • •

Dizem que George Mueller, de Bristol, Inglaterra, começou a orar pela salvação de cinco amigos. Depois de cinco anos, um deles aceitou a Cristo. Depois de dez anos, mais dois foram salvos. Ele continuou a orar durante 25 anos pelos dois últimos. O quarto foi salvo. Até sua morte, ele não cessou de interceder pela conversão do quinto. Alguns meses após Mueller ter morrido, o quinto homem foi salvo. Muito pode, por sua eficácia, a oração do homem justo.

17
UM CORAÇÃO QUE CONSTRÓI PONTES

Antes, santificai a Cristo, como Senhor, em vosso coração, estando sempre preparados para responder a todo aquele que vos pedir razão da esperança que há em vós.
–1Pedro 3:15

Os homens costumam me dizer que não sabem como compartilhar sua fé ou que não conhecem suficientemente a Bíblia nem teologia para falar dessa fé aos outros. Por essas razões, eles se intimidam diante das oportunidades que surgem para alcançar outras pessoas para Cristo.

É verdade que aptidão e conhecimento são importantes e que devemos aprender mais sobre as verdades de Deus, a fim de nos prepararmos para falar de nossa fé. Mas, meu amigo, não é necessário ser um teólogo para falar do aspecto mais significativo de nossa vida com aquelas pessoas que estão dispostas e ansiosas para ouvir.

Compartilhe seu testemunho

O exemplo

Não sei há quanto tempo você é cristão, mas já deve ter ouvido seu pastor ou outros cristãos falarem de "dar testemunho". Testemunho é, basicamente, a história de como você se tornou cristão. E, para mostrar quanto é simples dar testemunho, quero destacar outra história: o relato registrado em Marcos 5:1-20, que registra o que sucedeu a um homem endemoninhado. A versão resumida do sofrimento desse homem é: ele estava atormentado por uma "legião" de demônios. Jesus, compadecido do sofrimento daquele homem, expulsa os demônios e os envia para uma manada de porcos, que se precipitam para dentro do mar e se afogam.

O personagem que desejo destacar nesse evento é o homem. Ele ficou tão emocionado ao ver-se livre dos demônios que perguntou a Jesus se poderia segui-lo. Talvez você ache que Jesus deveria ter respondido: "Claro, siga-me e aprenda um pouco de teologia. Sente-se a meus pés e aprenda comigo durante alguns anos, até estar pronto para dar seu testemunho." Jesus, porém, ordenou àquele homem: "Vai para tua casa, para os teus. Anuncia-lhes tudo o que o Senhor te fez e como teve compaixão de ti" (Marcos 5:19). Em essência, Jesus mandou que o homem fosse para sua casa e desse o seu testemunho! Apesar de ser um crente recém-convertido, o homem tinha tudo o que necessitava para dar testemunho de sua experiência com Jesus.

Vamos, agora, observar os resultados da obediência desse homem a Cristo. A Bíblia diz: "Então, ele foi e começou a proclamar em Decápolis [local onde morava] tudo o que Jesus lhe fizera; e todos se admiravam" (v. 20).

Qual foi o impacto dessa vida transformada? Veremos isso um pouco mais adiante, em Marcos 7:31-8:9. Aqui, lemos que Jesus estava atravessando um território gentio nos arredores de Israel. Jesus não havia estado naquele lugar antes nem era muito conhecido ali. Mas, surpreendentemente, Jesus chega a esse lugar longínquo e encontra cerca de 4 mil homens (sem contar mulheres e crianças) prontos para ouvir sua mensagem!

De onde veio aquela gente? Acredito que o homem citado na história de Marcos 5:1-20 tenha feito exatamente o que Jesus lhe ordenou. Acredito que ele obedeceu e contou ao povo "tudo o que Jesus lhe fizera" (Marcos 5:20). Acredito que ele simplesmente deu seu testemunho. Com certeza, foi por esse motivo que aquela multidão se dirigiu a um lugar distante para ver Jesus e ouvir sua mensagem.

Os detalhes

Irmão, o seu testemunho pessoal sobre a obra realizada por Cristo em sua vida é a maior ferramenta que você possui para alcançar outras pessoas para Ele. Por quê? Porque esse testemunho se refere à *sua* vida e à *sua* experiência com Jesus Cristo. É um testemunho pessoal. Ninguém pode contestá-lo. Por ter acontecido com você, a experiência torna-se mais significativa para as pessoas que o conhecem.

Seu testemunho pessoal pode ser desdobrado em três partes:

- Parte 1 – *Como era minha vida antes de eu conhecer Jesus Cristo.*
- Parte 2 – *Como eu conheci a Jesus Cristo.*
- Parte 3 – *Como tem sido minha vida desde que conheci a Jesus Cristo.*

Agora tenho uma tarefa para você. Faça uma retrospectiva sobre sua vida e passe alguns instantes refletindo sobre as circunstâncias que o levaram a aceitar Cristo como seu Salvador. Em seguida, anote as diferenças que você próprio e as outras pessoas notaram em sua vida depois que você se converteu. Use as três partes acima para dar seu testemunho pessoal e anote o que aconteceu com você.

Depois de fazer isso, você estará pronto para obedecer à exortação do apóstolo Pedro em 1Pedro 3:15: "antes, santificai a Cristo, como Senhor, em vosso coração, estando sempre preparados para responder a todo aquele que vos pedir razão da esperança que há em vós." Que tal fazer uma pausa neste momento e murmurar uma oração de agradecimento a Deus? Peça também a Ele que lhe dê uma oportunidade de contar o motivo de sua esperança – *seu testemunho pessoal* – a alguém nesta semana.

Construa pontes

Algum tempo atrás, contaram-me a história de um oficial de alta patente do governo de um país estrangeiro que matriculou seu filho em uma faculdade nos Estados Unidos. Como a faculdade era cristã, houve um grande alvoroço entre os alunos para saber quem teria a oportunidade de falar do evangelho àquele jovem e, possivelmente, levá-lo a Cristo. Seria o representante da turma do último ano? O atleta mais famoso da faculdade? O capelão do *campus*?

Bem, o jovem aceitou a Cristo. Todos, porém, ficaram surpresos ao saber quem tinha sido a pessoa que Deus usou como seu mensageiro. Tom era um rapaz comum, o tipo de pessoa que ninguém destacaria no meio de um grupo de estudantes de capacidade e talento para dar um testemunho. Posteriormente, quando alguém perguntou a Tom o que havia acontecido, ele disse:

– Eu simplesmente construí uma ponte entre o meu coração e o dele, e Jesus a atravessou.

Ser o "próximo" de alguém. Fazer amizades. Construir pontes. Amigo, *este* é o significado de ter um coração que procura alcançar outras pessoas! Você e eu não necessitamos ser pastores nem teólogos para dar testemunho, mas nós necessitamos adquirir o direito de ser ouvidos pelas pessoas que nos rodeiam.

De que maneira podemos construir pontes que ajudem a transportar a mensagem de Jesus Cristo que está dentro de nosso coração para o coração das outras pessoas? Aqui estão algumas sugestões que servirão como ponto de partida para ajudá-lo a continuar a construir pontes. (Essa missão poderia ser chamada de Projeto de Construção de Pontes 101!)

Mantenha seu testemunho pessoal – Quando você se esforça para viver para Jesus Cristo, seus colegas de trabalho e seus vizinhos vêem a transformação que Ele opera em você por meio de...

... sua paixão pela vida;

... sua atitude positiva;

... sua busca pela pureza;

... seu discurso (que serve para construir, e não para destruir);

... sua excelente ética profissional;

... sua fiel participação nos trabalhos da igreja;

... seu casamento;

... seus filhos;

... seu lar.

Ore pelos incrédulos – A salvação é um trabalho *de Deus*. Dar testemunho é trabalho *nosso*. É nosso trabalho, também, orar. Nós construímos pontes... e, ao mesmo tempo, oramos para que Deus atravesse essas pontes e chegue diretamente ao coração e à vida dos outros. Portanto...

1. Ore por pessoas específicas. Ore por seus parentes, colegas de trabalho, vizinhos.
2. Ore para que portas sejam abertas a fim de que você possa dar seu testemunho (Colossenses 4:3).

3. Ore pedindo sabedoria para dizer palavras certas (Colossenses 4:5-6).
4. Ore para que Deus elimine seus temores e lhe dê intrepidez (Efésios 6:19).

Observe os interesses e passatempos dos outros – Uma das melhores maneiras de construir pontes é participar dos interesses daqueles com quem você quer fazer amizade. Certa vez, ouvi falar de um homem que aprendeu a cultivar rosas só para ter um ponto de interesse comum com seu vizinho, que era um jardineiro apaixonado por rosas. Para encurtar a história, hoje o vizinho é um jardineiro *cristão* apaixonado por rosas!

Relacione a Bíblia a assuntos do momento – Nunca houve tempo melhor em nossa história do que agora para discutir as incertezas da vida. Pegue qualquer jornal – todos os dias há assuntos que pedem uma explicação bíblica. Procure oportunidades para relacionar a Bíblia a assuntos do momento e mostre como ela é relevante diante das últimas crises nacionais e internacionais.

Mostre interesse sincero pelos outros – A natureza humana é predominantemente marcada pelo egoísmo. As pessoas preocupam-se muito mais consigo mesmas do que com os outros. Por isso, mostre interesse sincero pelos outros... lembre-se de aniversários, de datas especiais, de nomes e de interesses de pessoas não-cristãs, principalmente de seus colegas de trabalho. Se você lhes dispensar esse tipo de atenção, elas começarão a vê-lo como um amigo e a ver o Cristianismo sob uma luz positiva.

Vá ao encontro dos crentes "no meio do caminho" – O que eu quero dizer com "no meio do caminho"? Você encontra poucas pessoas não-cristãs em sua igreja. Elas são visitas que entraram ali por acaso ou foram levadas por um amigo ou vizinho. Mas, na maioria, os não-cristãos estão perto de você – na vizinhança...

no escritório... no clube esportivo. Por isso, vá ao encontro deles no meio do caminho, no território deles. Não estou dizendo que você deve ir a lugares inconvenientes ou mal frequentados. Estou dizendo que você deve ir a lugares onde possa estar e encontrar pessoas a quem você tenha oportunidade falar de Cristo. Vá ao encontro dessas pessoas onde elas moram e onde passam seu tempo de lazer.

Convide pessoas não-cristãs para participar de seus passatempos e interesses – Além de acompanhar pessoas não-cristãs em suas horas de lazer, convide-as para estar com você, também, no tempo que tira para sua diversão. Se você joga futebol, convide alguém que ainda não conhece a Cristo para jogar com você. Ao observar sua vida pessoal "de perto" no campo de competição, é provável que essa pessoa passe a ver sua vida sob um ângulo diferente.

Envolva-se com pessoas não-cristãs – Uma das melhores manei-ras de envolver-se com pessoas não-cristãs é por intermédio da escola de seus filhos ou de atividades esportivas. Que tal ser treinador do time de futebol de seu filho? Dessa forma, os pais não-cristãos poderiam ver um cristão em ação treinando o time de seus filhos. Você pode imaginar uma maneira melhor de dar seu testemunho?

Outra maneira de envolver-se com pessoas não-cristãs é trabalhar como voluntário. As possibilidades são ilimitadas! Qualquer organização assistencial de sua comunidade necessita de ajuda. Que tal dar uma mãozinha? Ao prestar uma ajuda positiva à sua comunidade, você também será sal e luz para o evangelho.

Finalmente (e esta é uma sugestão que exigirá muito mais de você!), pense na ideia de dirigir uma entidade pública. Os valores cristãos necessitam ser demonstrados em sua comunidade. Embora não devamos tirar proveito de uma entidade pública para promover nossa fé, podemos permitir que nossa vida fale mais alto por meio da maneira que cumprimos nossos deveres cívicos. Torne-se um líder em sua comunidade e deixe que sua vida mostre os valores cristãos que podem fazer de nosso país um país onde Cristo reine e onde suas bênçãos alcancem a todos.

Uma resposta para sua esperança

Pouco tempo depois que aceitei a função de encarregado da distribuição dos alunos nas classes, no Seminário Talbot, no Sul da Califórnia, onde estudei teologia, fui convidado para assistir a um seminário sobre a vida estudantil. Um dos oradores tinha grau de doutorado em teologia por um seminário do Leste dos Estados Unidos. Não demorou muito para que eu percebesse que aquele homem não fazia a mínima ideia do que significava ter um relacionamento pessoal com Jesus Cristo. Assim, durante um dos intervalos para almoço, sentei-me ao seu lado e iniciei uma conversa sobre a salvação e a mensagem do evangelho. Nunca me esquecerei da pergunta feita por aquele professor tão culto em assuntos de teologia:

– E o que você me diz dos idólatras da África?

Sua pergunta me trouxe à mente um dos medos mais comuns que as pessoas sentem no que se refere a dar testemunho. Preocupadas, elas se questionam: "E se um incrédulo me fizer uma pergunta de teologia que eu não saiba responder?" As chances de que isso venha a acontecer são mínimas, porque existem apenas sete perguntas básicas que os não-cristãos costumam fazer quando se deparam com a verdade do evangelho. E, acredite se quiser, aquele meu amigo incrédulo, com título de doutor em teologia, fez a pergunta número um dessa lista!

Talvez você esteja entre aqueles que temem perguntas que possam surgir depois de ter construído pontes, feito amizades e depois de ter sido um bom vizinho. Portanto, anime-se – isso é uma boa coisa! O importante é que *existam* perguntas! O testemunho não é uma via de mão única. A evangelização não é um monólogo; é um diálogo. Evangelizar é ouvir o que as outras pessoas têm a dizer, compreender suas objeções, seus temores, suas perguntas; e, depois, procurar respostas sólidas na Bíblia.

A fé cristã exige que tenhamos compaixão suficiente para ouvir as perguntas de nossa geração e recorrer à Bíblia para encontrar respostas. E, para ajudá-lo a preparar-se, apresento a seguir a lista das sete perguntas (objeções) básicas que os incrédulos costumam fazer. Ao lado de cada pergunta, eu menciono um texto bíblico para ajudá-lo a encontrar as respostas. Oro para que o tipo de amizade que você venha a estabelecer com outras pessoas possa deixá-las à vontade para lhe fazerem uma destas perguntas.

Sete objeções básicas ao evangelho

1. O que você me diz sobre os idólatras que nunca ouviram falar do evangelho? (Resposta: Salmos 19:1; Romanos 1:18-20)
2. Cristo é o único caminho até Deus? (Resposta: João 14:6)
3. Por que os inocentes sofrem? (Resposta: Romanos 5:12)
4. Como posso acreditar em milagres? (Resposta: João 1:1, 14; João 3:2).
5. A Bíblia não está cheia de erros? (Resposta: 2Timóteo 3:16; Hebreus 1:1-2; 2Pedro 1:20-21)
6. A experiência do cristão não é psicológica? (Resposta: Atos 9 – A conversão de Paulo; Romanos 5:8-10)
7. Se eu tiver uma vida íntegra vou para o céu? (Resposta: Gálatas 2:16; Tito 3:5; Tiago 2:10)[51]

Mostre que você se preocupa

Meu amigo, oro para que você assuma a responsabilidade de construir pontes, de fazer amizades e de tornar-se um bom vizinho para ter a oportunidade de "responder a todo aquele que vos pedir razão da esperança que há em vós" (1Pedro 3:15). As recompensas são eternas, porque aqueles que aceitarem a Cristo por meio de seu testemunho – tanto verbal como não-verbal – viverão com você no céu. Mostre às pessoas que você se preocupa realmente com elas. Mostre-lhes o amor de Cristo por intermédio de seu amor. Escancare seu coração para elas!

Será que alguém se preocupa?

O editor de um jornal de projeção recebeu a visita de um pastor. Assim que eles trocaram um aperto de mãos, o homem de Deus foi direto ao assunto.

– Meu amigo – ele disse –, estou aqui para lhe pedir que se torne um cristão.

O editor caminhou até a janela e parou ali por alguns minutos, olhando para a rua. O pastor pensou que o houvesse ofendido. Finalmente, o homem virou-se, com o rosto banhado de lágrimas. Segurando novamente a mão do visitante, ele disse:

– Obrigado por sua preocupação. Desde que eu era menino, quando me sentava no colo de minha mãe, nenhum parente ou colega de trabalho preocupou-se com minha alma. Pensei que ninguém se interessasse por ela![52]

Parte 3

O DESÍGNIO DE DEUS

18
O DESÍGNIO DE DEUS EM VOCÊ

Porque, na verdade, tendo Davi servido à sua própria geração, conforme o desígnio de Deus, adormeceu
– Atos 13:36

Esse versículo completa o círculo da vida de Davi. Você se lembra do início de nosso estudo, do epitáfio que Deus escreveu a respeito de Davi, dizendo que ele era um homem segundo o seu coração (Atos 13:22)? Quando enviou o profeta Samuel para procurar um novo rei, Deus lhe fez esta advertência:

> Não atentes para a sua aparência, nem para a sua altura, porque o rejeitei; porque o Senhor não vê como vê o homem. O homem vê o exterior, porém o Senhor, o *coração* (1Samuel 16:7, grifo meu).

Davi tinha poucas qualificações para ser um rei – ele era um rapaz muito jovem que cuidava do rebanho da família. Mas Davi tinha um coração dedicado a Deus, e era *isso* o que Deus queria.

Ao longo de nosso estudo, notamos que Davi teve alguns deslizes em sua caminhada com Deus. Porém, diferentemente de seu antecessor, o rei Saul, houve sempre um momento em que Davi se voltou para Deus sentindo grande remorso e tristeza. Essa atitude de arrependimento foi responsável por Davi ter sido usado por Deus. Essa qualidade importantíssima fez de Davi um homem segundo o coração de Deus.

Siga os passos de Davi

Estou muito agradecido por você ter permanecido comigo ao longo deste livro. Minha oração é que você passe a compreender que, acima de tudo, Deus se concentra no coração. Seu relacionamento com Deus tem muito a ver com seu coração e com o desejo de seu coração. Assim como Davi, você deve ter tido alguns deslizes. Todos nós os temos! Mas você pode escolher. Pode escolher ser como Saul ou como Davi. Você vai optar por seguir a Saul, que não tinha um coração dedicado a Deus? Quando Saul se desviou para o pecado, ele não estava interessado em fazer o que era certo. Estava apenas interessado em agradar a si mesmo. Saul não estava preocupado com a vontade de Deus... apenas com a sua vontade. Deus, porém, estava à procura de obediência (1Samuel 15:22) e a encontrou em Davi.

Você também deseja ter um coração obediente? No decorrer de todo este livro, eu o desafiei a ter um coração dedicado a Deus e às coisas de Deus. Agora, meu amigo, tenho um último desafio a lhe fazer: que exemplo você seguirá? Não siga o exemplo de Saul! Siga os passos de Davi. Entregue seu coração a Deus em obediência. Aí, sim, você será como Davi, um homem que pode ser e que será usado por Deus.

Em busca do desígnio de Deus

Voltando ao capítulo 1, eu admiti que fiquei um pouco confuso a respeito do epitáfio que Deus escreveu sobre Davi por causa de seus deslizes. Mas quando lemos Atos 13:36, vemos que as palavras de Deus tinham um motivo. O versículo diz:

> Porque, na verdade, tendo Davi servido à sua própria geração, conforme o *desígnio* de Deus, adormeceu (Atos 13:36, grifo meu).

Deus tinha um desígnio para a vida de Davi. Davi estava disposto a segui-lo, e foi o que fez. Seu coração dedicado a Deus permitiu que ele fosse usado poderosamente pelo Senhor e que servisse à sua geração apesar de suas fraquezas.

Deus tem um desígnio para sua vida. Que oportunidade incrível! Assim como Davi, você tem um desígnio de vida. *Você seguirá seu próprio desígnio ou o de Deus?* Você não gostaria de ouvir alguém falar que você está servindo ao desígnio de Deus? Aposto que você deseja isso tanto quanto eu. Que homem de Deus não gostaria de cumprir o supremo desígnio de Deus para sua vida?

Bem, caro irmão, você pode fazer dos desígnios de Deus uma realidade em sua vida. Como? Simplesmente vivendo as prioridades de Deus no dia a dia. Você não pode fazer nada quanto ao passado, mas, a partir de hoje, pode ter uma influência pessoal e positiva nesta geração... a *sua* geração. E essa influência positiva fluirá naturalmente se você viver as prioridades de Deus no dia a dia.

É disso que estamos falando neste livro – viver no dia a dia os desígnios que Deus tem para você. As prioridades que discutimos – referentes a nossa esposa, nossos filhos, nossa igreja, nosso trabalho e nosso testemunho – são pontos de partida importantes para compreendermos os desígnios de Deus para nossa vida. E eu coloco diante de você um desafio, o mesmo que coloquei diante de mim mesmo: busque a ajuda de Deus para cumprir o desígnio que Ele tem para você lendo a Bíblia, encontrando alguém para instruí-lo e obedecendo a Deus de todo o coração. Viva as prioridades de Deus no dia a dia. E, quando você sentir o desejo de buscar a Deus de todo o coração, verá o maravilhoso efeito que produziu em sua família, em sua igreja, em seu local de trabalho e em seus vizinhos. Sua geração nunca mais será a mesma. E, mais importante, ainda: sua luta por cumprir os desígnios de Deus terá um efeito surpreendente nas gerações vindouras. Que este epitáfio possa ser escrito a seu respeito, enquanto você está vivo, e que ele seja uma realidade em sua vida:

(______________________________)
é um homem segundo o coração de Deus
que está vivendo os desígnios de Deus no dia a dia.

Uma palavra final

Pois fiquei sobremodo alegre pela vinda de irmãos e pelo seu testemunho da tua verdade, como tu andas na verdade. Não tenho maior alegria do que esta, a de ouvir que meus filhos andam na verdade.
– 3João 3-4

Bem, aconteceu novamente. Eu tinha acabado de sair da agência do correio e estava sentado dentro do carro abrindo a correspondência. E lá estava – outra carta... de um homem... escrita para minha esposa! No entanto, da mesma forma que das outras vezes, eu sabia exatamente o que a carta dizia. E, conforme imaginei, eu estava certo. A carta era de um pai e marido agradecido. Ele estava agradecendo à minha esposa, Elizabeth, o livro que ela escreveu, intitulado *Uma Mulher Segundo o Coração de Deus*. Os princípios bíblicos a respeito das prioridades de uma mulher haviam transformado a esposa daquele homem e, por conseguinte, transformado seu casamento e seu lar.

Sentado ali (sob a chuva, é claro... moramos na região chuvosa do noroeste do Pacífico), eu agradeci a Deus mais uma vez o poder transformador de sua Palavra. Louvei o seu nome ao me lembrar de minha jornada de obediência à Palavra de Deus. Estava agradecido ao Senhor mais uma vez por sua graça maravilhosa derramada sobre a minha vida e sobre a vida de minha família.

Foi, então, que ousei sonhar. Será que *Um Homem Segundo o Coração de Deus* teria para os homens o mesmo efeito que o livro de Elizabeth teve para as mulheres? Será que eu conseguiria transmitir a eles como a obediência à Palavra de Deus modificou minha vida e pode também modificar outras vidas?

Minha oração é que este livro tenha estimulado você a ser um homem segundo o coração de Deus. Minha esperança é que você tenha avaliado seu relacionamento com Deus e decidido fazer dele sua prioridade número um. Essa decisão em si terá um efeito dominó sobre toda a sua vida!

Também minha oração é que, um dia, eu receba uma carta de uma esposa, cuja vida do marido tenha sido transformada após a leitura de *Um Homem Segundo o Coração de Deus*. Minha esperança é que ela me envie o testemunho vibrante de que essas transformações causaram um impacto positivo em seu casamento e em sua família.

Porém, mais importante ainda, é a esperança que tenho de que a *sua* vida, meu amigo, esteja passando por uma transformação neste momento – que...

... Você tenha deixado de ser um cristão nominal e se transformado em um entusiasmado seguidor de Jesus Cristo.

... Seu amor por sua esposa tenha ficado mais forte, mais visível e mais vibrante do que nunca.

... Sua devoção e atenção a seus filhos tenham causado um impacto na vida deles.

... Seu empenho no trabalho tenha sido revitalizado.

... Seu amor pela igreja o tenha motivado a servi-la mais ainda.

... Seus parentes e vizinhos tenham feito numerosos comentários sobre a transformação que ocorreu em sua vida e, por conseguinte, sobre a transformação que ocorreu na vida deles.

Não permita que eu fique de fora, sentado sob a chuva, apenas lendo as cartas dirigidas à minha esposa, escritas por maridos que apreciaram a transformação na vida de sua mulher. Comece a trilhar o caminho para ser um homem segundo o coração de Deus, a fim de que *sua* esposa também sinta o desejo de repartir com todas as pessoas (inclusive comigo) um testemunho vibrante do que ocorreu em *sua* vida pelo poder transformador de Deus. Não vejo a hora de receber essa carta! Que alegria ela trará ao meu coração quando eu souber que você, um irmão em Cristo, deseja ser uma fiel testemunha da verdade e caminhar na verdade (3João 3-4)!

Como estudar a Bíblia: Algumas sugestões práticas

Um dos mais nobres interesses que pode ser despertado na vida de um filho de Deus é desejar conhecer e compreender melhor a Deus. A melhor maneira de conseguir isso é observar atentamente o livro que Ele escreveu, a Bíblia, que explica quem Ele é e qual o seu plano para a humanidade. Existe um sem-número de maneiras de estudar a Bíblia, mas um dos métodos mais eficientes e simples para ler e compreender a Palavra de Deus envolve apenas três passos:

Passo 1: Observação — *O que a passagem diz?*

Passo 2: Interpretação — *O que a passagem quer transmitir?*

Passo 3: Aplicação — *O que vou fazer com o que a passagem diz e quer transmitir?*

Observação é o primeiro passo e o mais importante do processo. Quando você lê um texto da Bíblia, precisa *observar* atentamente o que está sendo dito e como está sendo dito. Observe:

- *Frases, não palavras.* As palavras podem ter vários significados, mas as frases são compostas de palavras usadas de maneira específica em um contexto específico. (Por exemplo, a palavra *tronco* pode aplicar-se a uma árvore, ao corpo humano ou a um antigo instrumento de tortura. No entanto, se você ler: "Aquela árvore tem um tronco muito grande", saberá exatamente qual é o significado da palavra.)
- *Estrutura.* Se você observar atentamente sua Bíblia, verá que o texto é formado de *parágrafos* (que aparecem em forma endentada). O parágrafo expressa um pensamento completo. Você poderá descobrir o conteúdo da mensagem do autor se observar e compreender cada parágrafo.
- *Ênfase.* O espaço ou número de capítulos ou versículos dedicados a um assunto específico revelará a importância daquele assunto (por exemplo, observe a ênfase de Romanos 9-11 e do Salmos 119).
- *Repetição.* Essa é outra maneira de um autor demonstrar a importância de um assunto. A leitura de 1Coríntios 13, em que o autor usa a palavra "amor" oito vezes em apenas 13 versículos, transmite-nos a ideia de que o amor é ponto primordial desses 13 versículos.
- *Relacionamentos entre ideias.* Preste muita atenção, por exemplo, a determinados relacionamentos que aparecem no texto:
  - Causa e efeito: "Muito bem, servo bom e fiel; foste fiel no pouco, sobre o muito te colocarei; entra no gozo do teu senhor" (Mateus 25:21).

- "Se" e "então": "se o meu povo, que se chama pelo meu nome, se humilhar, e orar, e me buscar, e se converter dos seus maus caminhos, então, eu ouvirei dos céus, perdoarei os seus pecados e sararei a sua terra" (2Crônicas 7:14).
- Perguntas e respostas: "Quem é o Rei da Glória? O Senhor, forte e poderoso" (Salmos 24:8).

- *Comparações e contrastes.* Por exemplo: "Ouviste que foi dito [...] Eu, porém, vos digo" (Mateus 5:21-22).
- *Forma literária.* A Bíblia é literatura, e os três principais gêneros literários na Bíblia são: discurso (as epístolas), prosa (história do Antigo Testamento) e poesia (os Salmos). Os gêneros literários fazem grande diferença quando você lê e interpreta as Sagradas Escrituras.
- *Atmosfera.* O autor teve um motivo ou preocupação para escrever cada passagem, capítulo e livro. Preste atenção ao modo ou tom de urgência do texto.

Depois de ter refletido sobre estes tópicos, você estará pronto para fazer as seguintes perguntas:

Quem? Quem são as pessoas nesta passagem?

O quê? O que está acontecendo nesta passagem?

Onde? Onde está ocorrendo esta história?

Quando? Quando ela está ocorrendo (dia, ano)?

Essas quatro perguntas o ajudarão a observar as frases e a identificar a atmosfera do texto. As respostas também o ajudarão a usar sua imaginação para visualizar a cena sobre a qual você está lendo.

À medida que você responder a essas perguntas e imaginar o fato descrito no texto em estudo, outras perguntas lhe virão à mente. Elas facilitarão seu entendimento para que você construa uma ponte entre a observação (o primeiro passo) e a interpretação (o segundo passo) para estudar a Bíblia.

Interpretação é descobrir o significado da passagem, o principal pensamento ou ideia do autor. O processo de interpretação ficará mais fácil se você responder às perguntas que surgirem durante a observação. Cinco sugestões poderão ajudá-lo a determinar o(s) ponto(s) principal(ais) do autor:

- *Contexto.* Depois ler determinado texto, você terá condições de responder a 75% de suas perguntas sobre ele. A leitura do texto inclui analisar o contexto mais próximo (o versículo imediatamente anterior e posterior), bem como o contexto mais afastado (o parágrafo ou o capítulo que antecede e/ou sucede a passagem que você está estudando).

- *Relacionamento entre os livros.* Deixe que a Bíblia interprete a si mesma. Isto é, deixe que outras passagens da Bíblia esclareçam a passagem que você está lendo. Ao mesmo tempo, tome cuidado para não presumir que a mesma palavra ou frase em duas passagens diferentes significam a mesma coisa.

- *Cultura.* A Bíblia foi escrita há muito tempo. Portanto, quando a interpretamos, necessitamos entender o texto com base no contexto cultural do escritor.

- *Conclusão.* Depois de ter respondido às suas perguntas para melhor entendimento por meio do contexto, do relacionamento entre os livros e da cultura, você poderá ter uma compreensão preliminar do significado da passagem. Lembre-se de que, se a passagem contiver dois ou mais parágrafos, o autor pode estar exprimindo dois ou mais pensamentos ou ideias.

- *Consulta.* A leitura de livros conhecidos como comentários bíblicos, escritos por estudiosos da Bíblia, também poderá ajudá-lo a interpretar as Sagradas Escrituras.

Aplicação é a resposta para a pergunta: "Por que estudamos a Bíblia?". Queremos que nossa vida seja modificada; queremos ser obedientes a Deus e ser mais semelhantes a Jesus Cristo. Depois de ter observado, interpretado e compreendido uma passagem dentro dos limites de nossa capacidade, precisamos aplicar as verdades nela contidas à nossa vida.

Faça as seguintes perguntas sobre cada passagem da Bíblia que você está lendo:

- Como a verdade revelada aqui pode influir em meu relacionamento com Deus?
- Como esta verdade poderá influir em meu relacionamento com outras pessoas?
- Como esta verdade poderá me influenciar?
- Como esta verdade poderá influir em minha reação ao inimigo, Satanás?

A aplicação não se completa simplesmente ao responder a essas perguntas; o segredo está em *pôr em prática* o que Deus lhe ensinou por meio do estudo de sua Palavra. Embora em determinados momentos você não possa aplicar, conscientemente, *tudo* o que está aprendendo no estudo da Bíblia, poderá, com segurança, colocar *alguma coisa* em prática. E, se você se empenhar em aplicar uma verdade à sua vida, Deus abençoará seus esforços tornando-o, conforme vimos antes, semelhante à imagem de Jesus Cristo.

Obras úteis para o estudo da Bíblia:

BRUCE, F. F. *O cânon das Escrituras*. São Paulo: Hagnos, 2011.

CHAMPLIN, Russell Norman. *Enciclopédia de Bíblia, Teologia e Filosofia*. São Paulo, Hagnos, 1991.

_____. *O Antigo Testamento interpretado versículo por versículo*. São Paulo, Hagnos, 2001.

_____. *O Novo Testamento interpretado versículo por versículo*. São Paulo, Hagnos, 2014.

Davis, John. *Novo dicionário da Bíblia* [amplicado e atualizado]. São Paulo, Hagnos, 2005.

DYRNESS, William A.; KARKKÄINEN (eds. gerais). *Dicionário global de teologia*. São Paulo, Hagnos, 2016.

LOPES, Hernandes Dias Lopes. *Comentário Expositivo do Novo Testamento*. São Paulo: Hagnos, 2019. [Vários volumes.]

PINTO, Carlos Osvaldo. *A estrutura literária do Antigo Testamento*. 3. ed. São Paulo: Hagnos, 2021.

_____. *A estrutura literária do Novo Testamento*. 3. ed. São Paulo: Hagnos, 2021.

MCDOWELL, Josh; MCDOWELL, Sean. *77 perguntas sobre Deus e a Bíblia*: as mais difíceis perguntas respondidas. São Paulo: Hagnos, 2015.

Swindoll, Charles R. *Comentário bíblico Swindoll*. São Paulo: Hagnos, 2017 (João); 2018 (1&2Timóteo); 2021 (1&2Pedro).

TOGNINI, Enéas; Bentes, João Marques. *Janelas para o Novo Testamento*. São Paulo: Hagnos, 2009.

_____. *Geografia da Terra Santa e das terras bíblicas*. São Paulo: Hagnos, 2009.

_____. *O Período Interbíblico*. São Paulo: Hagnos, 2009.

WATER, Mark. *Enciclopédia de fatos da Bíblia*. São Paulo: Hagnos, 2014.

Willmingnton, Harold. *A Bíblia em esboços*. São Paulo, Hagnos, 2001.

Plano para leitura diária da bíblia em um ano

Janeiro	**Gênesis**
❑ 1	1—3
❑ 2	4—7
❑ 3	8—11
❑ 4	12—15
❑ 5	16—18
❑ 6	19—22
❑ 7	23—27
❑ 8	28—30
❑ 9	31—34
❑ 10	35—38
❑ 11	39—41
❑ 12	42—44
❑ 13	45—47
❑ 14	48—50
	Êxodo
❑ 15	1—4
❑ 16	5—7
❑ 17	8—11
❑ 18	12—14
❑ 19	15—18
❑ 20	19—21
❑ 21	22—24
❑ 22	25—28
❑ 23	29—31
❑ 24	32—34

❑ 25	35—37
❑ 26	38—40
	Levítico
❑ 27	1—3
❑ 28	4—6
❑ 29	7—9
❑ 30	10—13
❑ 31	14—16
Fevereiro	
❑ 1	17—20
❑ 2	21—23
❑ 3	24—27
	Números
❑ 4	1—2
❑ 5	3—4
❑ 6	5—6
❑ 7	7—8
❑ 8	9—10
❑ 9	11—13
❑ 10	14—15
❑ 11	16—17
❑ 12	18—19
❑ 13	20—21
❑ 14	22—23
❑ 15	24—26
❑ 16	27—29
❑ 17	30—32
❑ 18	33—36
	Deuteronômio
❑ 19	1—2
❑ 20	3—4

❑ 21	5—7
❑ 22	8—10
❑ 23	11—13
❑ 24	14—16
❑ 25	17—20
❑ 26	21—23
❑ 27	24—26
❑ 28	27—28
Março	
❑ 1	29—30
❑ 2	31—32
❑ 3	33—34
	Josué
❑ 4	1—4
❑ 5	5—7
❑ 6	8—10
❑ 7	11—14
❑ 8	15—17
❑ 9	18—21
❑ 10	22—24
	Juízes
❑ 11	1—3
❑ 12	4—6
❑ 13	7—9
❑ 14	10—12
❑ 15	13—15
❑ 16	16—18
❑ 17	19—21
	Rute
❑ 18	1—4

	1Samuel
❑ 19	1—3
❑ 20	4—6
❑ 21	7—9
❑ 22	10—12
❑ 23	13—14
❑ 24	15—16
❑ 25	17—18
❑ 26	19—20
❑ 27	21—23
❑ 28	24—26
❑ 29	27—29
❑ 30	30—31
	2Samuel
❑ 31	1—3
Abril	
❑ 1	4—6
❑ 2	7—10
❑ 3	11—13
❑ 4	14—15
❑ 5	16—17
❑ 6	18—20
❑ 7	21—22
❑ 8	23—24
	1Reis
❑ 9	1—2
❑ 10	3—5
❑ 11	6—7
❑ 12	8—9
❑ 13	10—12
❑ 14	13—15
❑ 15	16—18

- ❑ 16 19—20
- ❑ 17 21—22

2Reis

- ❑ 18 1—3
- ❑ 19 4—6
- ❑ 20 7—8
- ❑ 21 9—11
- ❑ 22 12—14
- ❑ 23 15—17
- ❑ 24 18—19
- ❑ 25 20—22
- ❑ 26 23—25

1Crônicas

- ❑ 27 1—2
- ❑ 28 3—5
- ❑ 29 6—7
- ❑ 30 8—10

Maio

- ❑ 1 11—13
- ❑ 2 14—16
- ❑ 3 17—19
- ❑ 4 20—22
- ❑ 5 23—25
- ❑ 6 26—27
- ❑ 7 28—29

2Crônicas

- ❑ 8 1—4
- ❑ 9 5—7
- ❑ 10 8—10
- ❑ 11 11—14
- ❑ 12 15—18

- ❑ 13 — 19—21
- ❑ 14 — 22—25
- ❑ 15 — 26—28
- ❑ 16 — 29—31
- ❑ 17 — 32—33
- ❑ 18 — 34—36

Esdras

- ❑ 19 — 1—4
- ❑ 20 — 5—7
- ❑ 21 — 8—10

Neemias

- ❑ 22 — 1—3
- ❑ 23 — 4—7
- ❑ 24 — 8—10
- ❑ 25 — 11—13

Ester

- ❑ 26 — 1—3
- ❑ 27 — 4—7
- ❑ 28 — 8—10

Jó

- ❑ 29 — 1—4
- ❑ 30 — 5—8
- ❑ 31 — 9—12

Junho

- ❑ 1 — 13—16
- ❑ 2 — 17—20
- ❑ 3 — 21—24
- ❑ 4 — 25—30
- ❑ 5 — 31—34
- ❑ 6 — 35—38

❑ 7	39—42
	Salmos
❑ 8	1—8
❑ 9	9—17
❑ 10	18—21
❑ 11	22—28
❑ 12	29—34
❑ 13	35—39
❑ 14	40—44
❑ 15	45—50
❑ 16	51—56
❑ 17	57—63
❑ 18	64—69
❑ 19	70—74
❑ 20	75—78
❑ 21	79—85
❑ 22	86—90
❑ 23	91—98
❑ 24	99—104
❑ 25	105—107
❑ 26	108—113
❑ 27	114—118
❑ 28	119
❑ 29	120—134
❑ 30	135—142

Julho

❑ 1	143—150
	Provérbios
❑ 2	1—3
❑ 3	4—7
❑ 4	8—11
❑ 5	12—15

- ❑ 6 — 16—18
- ❑ 7 — 19—21
- ❑ 8 — 22—24
- ❑ 9 — 25—28
- ❑ 10 — 29—31

Eclesiastes

- ❑ 11 — 1—4
- ❑ 12 — 5—8
- ❑ 13 — 9—12

Cantares de Salomão

- ❑ 14 — 1—4
- ❑ 15 — 5—8

Isaías

- ❑ 16 — 1—4
- ❑ 17 — 5—8
- ❑ 18 — 9—12
- ❑ 19 — 13—15
- ❑ 20 — 16—20
- ❑ 21 — 21—24
- ❑ 22 — 25—28
- ❑ 23 — 29—32
- ❑ 24 — 33—36
- ❑ 25 — 37—40
- ❑ 26 — 41—43
- ❑ 27 — 44—46
- ❑ 28 — 47—49
- ❑ 29 — 50—52
- ❑ 30 — 53—56
- ❑ 31 — 57—60

Agosto

- ❑ 1 — 61—63

☐ 2	64—66
	Jeremias
☐ 3	1—3
☐ 4	4—6
☐ 5	7—9
☐ 6	10—12
☐ 7	13—15
☐ 8	16—19
☐ 9	20—22
☐ 10	23—25
☐ 11	26—29
☐ 12	30—31
☐ 13	32—34
☐ 14	35—37
☐ 15	38—40
☐ 16	41—44
☐ 17	45—48
☐ 18	49—50
☐ 19	51—52
	Lamentações
☐ 20	1—2
☐ 21	3—5
	Ezequiel
☐ 22	1—4
☐ 23	5—8
☐ 24	9—12
☐ 25	13—15
☐ 26	16—17
☐ 27	18—20
☐ 28	21—23
☐ 29	24—26
☐ 30	27—29

❑ 31	30—31

Setembro

❑ 1	32—33
❑ 2	34—36
❑ 3	37—39
❑ 4	40—42
❑ 5	43—45
❑ 6	46—48
	Daniel
❑ 7	1—2
❑ 8	3—4
❑ 9	5—6
❑ 10	7—9
❑ 11	10—12
	Oseias
❑ 12	1—4
❑ 13	5—9
❑ 14	10—14
❑ 15	**Joel**
	Amós
❑ 16	1—4
❑ 17	5—9
❑ 18	**Obadias e Jonas**
	Miqueias
❑ 19	1—4
❑ 20	5—7
❑ 21	**Naum**
❑ 22	**Habacuque**
❑ 23	**Sofonias**
❑ 24	**Ageu**

	Zacarias
❑ 25	1—4
❑ 26	5—9
❑ 27	10—14
❑ 28	**Malaquias**
	Mateus
❑ 29	1—4
❑ 30	5—7

Outubro

❑ 1	8—9
❑ 2	10—11
❑ 3	12—13
❑ 4	14—16
❑ 5	17—18
❑ 6	19—20
❑ 7	21—22
❑ 8	23—24
❑ 9	25—26
❑ 10	27—28
	Marcos
❑ 11	1—3
❑ 12	4—5
❑ 13	6—7
❑ 14	8—9
❑ 15	10—11
❑ 16	12—13
❑ 17	14
❑ 18	15—16
	Lucas
❑ 19	1—2

❑ 20	3—4
❑ 21	5—6
❑ 22	7—8
❑ 23	9—10
❑ 24	11—12
❑ 25	13—14
❑ 26	15—16
❑ 27	17—18
❑ 28	19—20
❑ 29	21—22
❑ 30	23—24
	João
❑ 31	1—3

Novembro

❑ 1	4—5
❑ 2	6—7
❑ 3	8—9
❑ 4	10—11
❑ 5	12—13
❑ 6	14—16
❑ 7	17—19
❑ 8	20—21
	Atos
❑ 9	1—3
❑ 10	4—5
❑ 11	6—7
❑ 12	8—9
❑ 13	10—11
❑ 14	12—13
❑ 15	14—15
❑ 16	16—17
❑ 17	18—19

❑ 18	20—21
❑ 19	22—23
❑ 20	24—26
❑ 21	27—28
	Romanos
❑ 22	1—3
❑ 23	4—6
❑ 24	7—9
❑ 25	10—12
❑ 26	13—14
❑ 27	15—16
	1Coríntios
❑ 28	1—4
❑ 29	5—7
❑ 30	8—10
Dezembro	
❑ 1	11—13
❑ 2	14—16
	2Coríntios
❑ 3	1—4
❑ 4	5—9
❑ 5	10—13
	Gálatas
❑ 6	1—3
❑ 7	4—6
	Efésios
❑ 8	1—3
❑ 9	4—6

❑ 10	**Filipenses**
❑ 11	**Colossenses**
❑ 12	**1Tessalonicenses**
❑ 13	**2Tessalonicenses**
❑ 14	**1Timóteo**
❑ 15	**2Timóteo**
❑ 16	**Tito e Filemom**
	Hebreus
❑ 17	1—4
❑ 18	5—8
❑ 19	9—10
❑ 20	11—13
❑ 21	**Tiago**
❑ 22	**1Pedro**
❑ 23	**2Pedro**
❑ 24	**1João**
❑ 25	**2—3João, Judas**
	Apocalipse
❑ 26	1—3
❑ 27	4—8
❑ 28	9—12
❑ 29	13—16
❑ 30	17—19
❑ 31	20—22

Notas

1. J. Oswald Sanders, *Liderança espiritual.* 2. ed. São Paulo: Mundo Cristão, 1987.
2. Eleanor L. Doan, *The Speaker's Sourcebook*. Grand Rapids: Zondervan Publishing House, 1977, p. 96.
3. Kenneth W. Osbeck, *Amazing Grace.* Grand Rapids: Kregel Publications, 1990, p. 170. Hino 314 do Hinário para o Culto Cristão (HCC), de John Newton (1779). Música do *Hinário Americano,* 1831; arranjo de Edwin Othello Excell. Direitos em português: estrofe 1, Comissão do HCC; © Juerp 1990; estrofe 2 a 4, João W. Faustini © João W. Fauistini, 1969.
4. D. L. Moody, *Notes from My Bible.* Grand Rapids: Baker Book House, 1979, p. 199.
5. Robert Van de Weyer, (ed.). *The Harper Collins Book of Prayers.* Edison, NJ: Castle Books, 1997, p. 388.
6. Por George Liddell, citando Sanders, *Spiritual Leadership*, p. 17-18.
7. J. C. Ryle, do livro de Terry W. Glaspey, *Pathway to the Heart of God.* Eugene, OR: Harvest House Publishers, 1998, p. 151.
8. Sanders, *Liderança espiritual*, p. 123.
9. Glaspey, *Pathway to the Heart of God*, p. 151.
10. John Oxenham, citando J. Allan Petersen, *For Men Only.* Wheaton, IL: Tyndale House Publishers, 1974, p. i.
11. Fonte desconhecida.
12. Herbert Lockyer, *All the Promises of the Bible.* Grand Rapids: Zondervan Publishing House, 1962, p. 10.
13. Richard Mayhue, *Seeking God.* Fearn, Grã-Bretanha: Christian Focus Publications, 2000, p. 148.

14. Stuart Scott, *The Exemplary Husband.* Bemidji, MN: Focus Publishing, Inc., 2000, p. 116.
15. Ibid.
16. Extraído de *The Best Loved Poems of the American People*, de Hazel Fellman (ed.). Nova York: Garden City Books, 1936.
17. Kenneth Kilinski, citando Roy B. Zuck, *The Speaker's Quote Book.* Grand Rapids: Kregel Publications, 1997, p. 240.
18. Dwight Small, citando Sherwood Eliot Wirt e Kersten Beckstrom, *Topical Encyclopedia of Living Quotations.* Minneapolis: Bethany House Publishers, 1982, p. 81.
19. Autor desconhecido, citando J. Allen Petersen (ed.). *For Men Only*, p. 69.
20. John MacArthur, *The MacArthur Study Bible.* Nashville, TN: Word Publishing, 1997, p. 1944.
21. Christopher N. Bacorn, Dear Dads: Save Your Sons, *Newsweek* 7 de dezembro de 1992, p. 13.
22. Tedd Tripp, *Pastoreando o coração da crinça.* São José dos Campos (SP): Fiel.
23. Dennis e Dawn Wilson, *Christian Parenting in the Information Age.* TriCord, West Jordan, Utah: p. 192.
24. Tripp, *Pastoreando o coração da criança*, São José dos Campos (SP): Fiel.
25. Richard Baxter, citando Wilson, *Christian Parenting in the Information Age*, p. 186.
26. J. Daniel Banon, citando Zuck, *The Speaker's Quote Book*, p. 51.
27. J. I. Packer, *A Quest for Godliness.* Wheaton, IL: Crossway Books, 1990, p. 270.
28. Tripp, *Pastoreando o coração da criança*, São José dos Campos (SP): Fiel.
29. John MacArthur, *Como educar seus filhos segundo a Bíblia*, São Paulo: Cultura Cristã.
30. Benjamin R. DeJong, *Uncle Ben's Quotebook.* Grand Rapids: Baker Book House, 1977, p. 275.

31. John Trent, citando William Nix, *Transforming Your Workplace for Christ.* Nashville, TN: Broadman & Holman Publishers, 1997, p. xii.
32. Petersen (ed.). *For Men Only*, p. 125.
33. Ibid.
34. John MacArthur, *Rediscovering Pastoral Ministry.* Nashville, TN: Word Publishing, 1995.
35. Nix, *Transforming Your Workplace for Christ*, p. 2.
36. Autor desconhecido, citando Petersen, *For Men Only*, p. 132.
37. Petersen, *For Men Only*, p. 24.
38. *Disciplinas do homem cristão*. Rio de Janeiro: CPAD.
39. Jeremiah Burroughs, *Aprendendo a estar contente,* versão abreviada e simplificada de *A Joia rara do contentamento cristão*, São Paulo: PES.
40. Gary Inrig, *A Call to Excellence.* Wheaton, IL: Victor Books, 1985, p. 87.
41. Don Baker, *Além da dor,* Venda Nova (MG): Betânia.
42. Charles R. Swindoll, *Crescendo nas estações da vida,* São Paulo: Atos, 2003.
43. Hughes, *Disciplinas do homem cristão.*
44. "I Love Thy Kingdom, Lord!", hino de Timothy Dwight.
45. Doan, *The Speaker's Sourcebook*, p. 223.
46. G. Abbott-Smith, *A Manual Greek Lexicon of the New Testament.* Edinburgh: T&T Clark, 1973, p. 346.
47. Ibid., p. 68.
48. "Rise UP, O Men of God!", hino de William Merrill.
49. Arthur McPhee, *Friendship Evangelism*. Grand Rapids: Zondervan Publishing House, 1979.
50. Francis Schaeffer, *The Church at the End of the Twentieth Century*. Downers Grove, IL: InterVarsity Press, 1970.
51. Adaptado de Paul Little, *Como compartilhar sua fé,* São Paulo, ABU.
52. *The Daily Bread*, vesão 2.0.

Sua opinião é importante para nós.

Por gentileza, envie-nos seus comentários pelo e-mail:

editorial@hagnos.com.br

Visite nosso site:

www.hagnos.com.br